生き甲斐を
そっと支えて
楽しい暮らし

舟橋玉燿

目　　　次

第一章　序　章 ………………………… 7
1. 前書き ………………………………… 8
2. はじめに ……………………………… 16

第二章　恵泉館編 ……………………… 19
1. 子供は被服を痛烈に汚すもの ……… 20
2. 家族の支援 …………………………… 22
3. 歩けない子を世話する聾唖児 ……… 23
4. オルガンのチビ先生 ………………… 24
5. 飼犬に教えられた仲良し術 ………… 26
6. 細かく折られたクレパス …………… 27
7. 着せ替えごっこ ……………………… 28
8. オハギ過食事件 ……………………… 29
9. お客様ごっこ ………………………… 30
10. 機械科工作と障害児 ………………… 33
11. ミツバチ組誕生 ……………………… 35
12. 全員参加で人形劇 …………………… 37
13. お掃除ごっこ ………………………… 39
14. 石コロ拾い …………………………… 41
15. 物分かりの良い子 …………………… 43
16. 間違ったレッテルを貼らないで …… 45
17. 養豚業のお手伝い …………………… 47

18. 合奏団誕生	……	50
19. 機械科のノウハウ	……	52
20. やる気を育てる	……	54
21. 信一君と朝顔の花	……	57
22. 何度やっても「駄目」とは？	……	59
23. 頂門の一針「母心」	……	62
24. 男泣きの父を救う	……	64
25. 上機嫌の明美さん	……	66
26. 足元に気配りを	……	68
27. 付け添え不要の孝司君	……	71
28. 楽しく登下校できて	……	73

第三章　親愛館編　…… 75

1. 過食癖防止対応	……	76
2. 浴槽の湯を飲まなくなった	……	80
3. 心の扉を開ける	……	82
4. 年老いた両親の困惑	……	85
5. ポマードを洗い落して	……	87
6. 生卵を机上に立てる話	……	89
7. 生き甲斐を尊重しよう	……	91
8. お出かけを止めた孝司君	……	93
9. ゆとりが潤いを生む	……	97
10. 体重減量作戦	……	100
11. 「こだわり行動」から脱却	……	102

12. 歩けるようになった ……………………… 104
13. 有目的行動への誘導 ……………………… 106
14. 走れるようになった ……………………… 108
15. チリ紙とさようなら ……………………… 110
16. 男性が大好きな女王様 …………………… 112
17. 三重苦を超えて …………………………… 114
18. 暖かい心の「きずな」…………………… 116
19. 環境による行動特徴 ……………………… 118
20. マッサージの効果 ………………………… 120
21. 自己指南力の涵養 ………………………… 121
22. 対応策は寸刻を争う ……………………… 122
23. 機能回復（促進）とスキンシップ ……… 124

第四章　一進舎編 ……………………… 127

1. 自分で判断したい ………………………… 128
2. 人付き合が良くなって …………………… 130
3. 良い行動習慣を育てましょう …………… 132
4. 水遊びのコントロールについて ………… 134
5. 行動をスムーズに促す「予告」について …… 136
6. 紀夫君の行動を安定させたい …………… 138
7. 奉仕活動を始めた人 ……………………… 140
8. 買物係の感心な人 ………………………… 141
9. 適正な行動コントロール ………………… 143
10. 食事時の監護を止めて …………………… 145

11. 普通の早さで食べる ………………………… 147
12. 個性と認め、緩やか援助 ……………………… 149
13. 素敵な家族の「いたわり」……………………… 151
14. 心を育てる音楽療育 …………………………… 153
15. ふれあい旅行 …………………………………… 155
16. 表彰状授与 ……………………………………… 157
17. 褒賞推薦内容 …………………………………… 159
18. 笑顔を撮る ……………………………………… 163
19. ふれあいコンサート …………………………… 165
20. 聞き手のマナーは日本一 ……………………… 168

第一章　　序　章

1 前書き

　私は昭和22年9月に駒沢大学文学部仏教学科を卒業して、10月から新学制の春日井市立春日井工業高校の社会科教師として勤務したが、10月早々に校長先生から講習を受けるように勧められて国語と日本史の2課目の講習を受けたら課目を増やされ、合計3科目を担当することになった。

　月給は1,180円で、「ひかり」を1日1箱吸うと、40円の1カ月分では1,200円かかり、月に20円の赤字であった。戦後の著しいインフレの時期であった。

　既婚の先生達はアルバイトで稼ぐのに忙しく、授業は独身の我々に回されたため大多忙であった。教科書もない時代で、名古屋市が空襲で焼け野ケ原になって間もない頃だったから、国語の教材には『方丈記』を選んだ。

　黒板の右端から数行書いて振り返って見ると、3分の1の生徒は書く様子もなくボンヤリしている。私は、教壇の上をゆっくり歩きながら考えた。

　怒らず、叱らず、ソフトに対応して、「夢中で書きたくなる方法はないか」と。

　困ったときには物事を真剣に考えると道は開けるもので、名案が浮かんだ。

　さっき書いた黒板の右上から5、6字ずつ消して行くことにした。

第一章　序章

「いいね、書いたね」「まだ、まってー」「ここまでいいね」と、少しずつ区切りながら消していって、全部消し終ったら、今度は黒板の中央に1行だけ20字位書いては消すことにした。

　もう、この頃になると呼吸が分かったのか、ぼんやりしている生徒は一人もいなくなった。

　第1日目は400字詰め原稿用紙1枚分位で切り上げ、読んで聞かせて、フリガナをつけさせ、熟語の意味を解説して、翌日までに好きなだけ「暗唱」してくること。暗唱してきた人は、授業時間以外の休憩時間、又は放課時間に職員室の私の所へ来て暗唱するように伝えた。

　休憩時間毎に十数名の生徒が先を争って暗唱にやって来る。一人ずつでは時間がかかるので輪唱形式で、右耳で一人、左耳で一人、一度に二人ずつ聞くことにした。

　「良くできた百点」と言うと、大喜びで帰って行く。

　何が始まったかと他の先生方はキョトンとしていた。勉強が楽しくなるように援助しているのだから、ご迷惑でも悪しからず、ご勘弁願うことに決め込んでいた次第であった。

　年が明けて1月になると、どの生徒の目つきもアカデミックに輝いている。そこで、辞書の扱い方をよく説明して、読み方を予習してくるように伝えると、「待ってました」とばかり、ワーッと歓声を上げて快諾してくれた。

期末試験が近づくと、校長先生が「本校の生徒の成績は平均70点以下で良くないから、しっかり教育するように」と要請された。

ようし、それなら95点以上取れるようにしようと決心した。

ガリ盤刷りのB4の試験用紙に「模擬」と書いて生徒数だけ刷り、次に「模擬」の部分にガリ用紙の端っこを貼りつけて「模擬」の文字が出ないようにし、本番用の用紙を刷って校長室の金庫に預けた。

一週間前に模擬試験用紙を配り、みんなが100点になるまで何を見てもよいし、友達と相談してもよいから頑張るように伝えた。

試験当日は、当然のこと、歓声があちこちで上がっていた。

試験後、採点したら平均98点で驚異の的となってしまったが、生徒たちは良い点数を貰ったことで、益々勉強が面白くて好きなり、主体的な学習意欲が育った。

ちょうど1月に「児童福祉法」が施行され、愛知県で「児童福祉司」の募集をしていたので、狭い学校の中だけでなく、もっと広い視野で、青少年児童と接触できる職場が好ましいと考え、愛知県に出願して、福祉職として愛知県民生部児童課に採用された。

こうして、私が昭和23年4月から愛知県民生部児童課に勤務していた期間中（2年7カ月、このうち中央児童相

第一章　序章

談所勤務が6カ月)、養護係の一員として、名古屋駅で浮浪児・捨て子の保護に従事したことがある。

　幼児の処遇は人手がかかること、死亡率が高いという理由で敬遠され、幼児を受け入れる施設が乏しかったため係員として困っていた。

　そんな矢先の昭和25年4月頃、父が結核性肋膜炎の病状が良くないことから、「8人の兄弟を宜しく頼む」と遺言めいた話をするのを聞いた。このまま推移して、曹洞宗玉雲寺の後継者として、いくら生計が保障されているからと言っても、僧侶として、住職になる気はない。

　戦後、昭和21年4月に駒沢大学に復学して「戦時中に身に付けた人生観・死生観」の見直しに苦慮していた当時、僧侶ではない普通の社会人としてどのように生きるべきかを検討した結果、維摩経を卒業論文の研究テーマとして選び、居士仏教(出家者でない、一般社会人として、仏教を信奉すること)の研究をした。仏教哲理に憧れる普通の社会人として、清く・正しく・溌剌と生きようと決意を固めたものである。

　そこで、職業としては、生きて苦しんでいる人達に力を尽くすのが、先の大戦で生き残った(死にそこなった)「私の生きる道」だと考えていた。

　そこで、父の財産を当てにして、幼児専門の養護施設を開設しようと目論みた。

　東春日井郡志段味村大字上志段味字東谷2109番地、東

谷山中腹にあった元修養道場「日本会館」が売りに出ていることを確かめてあったので、その買収計画や増築予算を話すと、父は「足りない分は、取り敢えず借りて事業を始めればよい」と賛成してくれたものである。

　元修養道場「日本会館」には、みそぎ道場用の水源として、泉の水をコンクリート製の水槽（3立方メートル程）に溜めていた。

　こんこんと湧き出る泉を見て、私もこの泉のように、恵の泉を絶やさぬように施設を運営しようと考えて、「恵泉館」と命名した。

　私立、養護施設恵泉館（定員30人、もっぱら6歳未満の幼児を対象とする）を東春日井郡志段味村大字上志段味で7月1日に開設し、認可されたのは昭和25年8月19日で、即日2児を受入れ事業を開始したものである。

　第二次世界大戦後間もない時期で、7月には朝鮮動乱が勃発し、世情不安が流れていた。

　児童相談所から送られて来る幼児は、捨て子・迷子・極貧家庭の子女・崩壊家庭の幼児及び乳児院の加齢児で、幼児とはいっても心身の発育がひどく遅れたケースが多く、栄養失調・疥癬などの疾患が多く見られた。

　認可条件として、県下で初めての幼児専門施設であることから（幼児専門施設は全国的に見ても皆無だった。児童福祉施設最低基準には、保健婦・看護婦を置くという規定はなかったが、当時養護係の私の上司である係長

第一章　序章

が、事故が発生しないように配慮して)、相当の経験のある「看護婦又は保健婦」を配置せよという条件を受けて、名古屋大学付属病院勤務の小児科医師夫妻(奥さんは看護婦)に住み込んでもらって、小児科の診療所を併設して万全を期した(ご主人は、この恵泉館から名古屋大学付属病院へ通勤された)。

小児喘息・結核・疥癬・湿疹・膿痂疹・栄養失調・胃腸障害・眼疾・耳鼻疾患等の治療には、公立陶生病院小児科部長先生を通じて各科の皆さんから格別なご支援を頂いた。

なお、近くの高蔵寺町にあった町立の診療所、渋谷眼科、高蔵医院などでも、大変熱心に診療して頂いたものである。

昭和26年度には、県下の幼児を少しでも受け入れている和進館・若葉寮・金城六華園・聖園天使園・恵泉館の以上五施設長が協議して「幼児施設長懇談会」を発足させ、知的又は身体的に発達障害のある幼児に関する療育上の諸問題を検討した。

そこでは、「著しい心身の発達に遅滞のみられる幼児を一カ所に集めて専門的な治療教育を行うべきである」という結論が出された。

これを受けて、昭和27年12月までに、恵泉館にいたノーマルな幼児と入れ替えて、他の施設から知恵遅れの幼児を受入れ、恵泉館は精神薄弱児施設に転換することに

なった。

　恵泉館では、重度棟一棟75平方メートル木造平屋建を共同募金配分金で増築し、定員を10名増の40人として、昭和28年1月1日付けで種別変更が認可された。しがって、私は養護施設恵泉館発足以来、平成12年3月まで50年、精神薄弱関係施設としては、47年余関わっていることになる。

　前書きが長くなったが、弱者や知的障害のある児者との長い関わりの中で、この人達に教えられ、啓発された「福祉の視点・こころ」が私の中に育てられた要因は、この長い関わりの中で育まれたものと確信するからである。

　愛知県民生部児童課に勤務していた頃、要保護児童を個人の家庭に引き取って養育することを希望する「里親」を登録するため、毎月「里親審査委員会」が開かれていた。その審査会の9人の委員の中に、日本的に著名な小児精神医学の権威である堀要博士がいらっしゃった。

　私は係員として審査会に提出する家庭状況調査資料を準備したり、会議の裏方として働いていた関係から、これがご縁で昭和28年1月に恵泉館が精神薄弱児施設に転換して以来、知的障害児者の療育顧問として、30数年余にわたって堀要先生にご指導を賜り、知的障害児者に相対する場合の心構えや治療教育に関する数々の事柄について、月謝を払わずにご教示を頂き、自称内弟子として

第一章　　序章

頻繁にお世話になってきた。
　お陰様で、精神薄弱者の療育に安心して携わることができていることを心から感謝している。

2. はじめに

　知的障害のある人と関わりのある福祉施設関係者やご家庭の皆さんに、次のことをお伝えしたい。障害児教育が義務化されてから久しい。それに近年、福祉関係施策が逐次拡充強化されていることは、真に喜ばしいことである。

　しかしながら、往時の首相の「日本列島改造論」が流布され、年を重ねるにつれて地価が急騰し、所得とのバランスが著しく崩れ、家庭生活にイラダチを増幅させて今日に至っている。知的障害者と関わりを持つ関係者は、先ず、家庭や福祉施設の現場から、このイラダチを追放しよう。

① 学校や、通所施設を利用している家庭の皆さんの中には、「知的障害児者のことは、学校や施設の専門家に任せておけばよい」という考え方の人が少なくない。

② 知的障害児者の福祉を増進させるのが目的のはずなのに、「学校や施設へ通わせるのが仕事」になっている人が少なくない。

③ 「知的障害があること」や「素人で、家庭療育のや

り方が分らない」といった「隠れ蓑」を弁解に使って、やらなければならないはずの家庭療育をやろうとしない傾向が強い。

④　学校や施設が家庭療育の推進役となるべきである。

⑤　福祉施設において、職員の配置数が以前の3倍か4倍に増加した分、手をかけすぎて対象者の主体性を侵害したり、発達を阻害していながら、そのことに気付いていない向きがある。このような職員の対応は、速やかに改善されなければならない。

⑥　教育、指導、訓練、療育、矯正という言葉は、積極的な姿勢を示唆しているために、強圧的に陥りやすいことを戒めなければならない。

⑦　「障害や問題行動」に幻惑されることなく、家族と協力して楽しい暮しを保障しよう。

　——第二章以降の文中に出ている人名は、仮の名前であることを申し添えておきます。——

第二章　　恵泉館編

1. 子供は被服を痛烈に汚すもの

昭和28年4月、花祭りに堀要先生をお招きした。しばらく館内を視察した後で、開口一番おっしゃった言葉。

「子供は着ているものを痛烈に汚すものだが、今見た恵泉館の子たちは薄汚い！」だった。

確かにそうだ！　弁明無用。

「さっぱりと小綺麗にして、子供らしく痛烈に汚させてやろう」と決意した。

当時の措置費として支弁される日常諸費は、1日あたり16円65銭、月額500円で、食べ物以外の被服、寝具、日用品、燃料、炊具、食器、洗剤、消毒薬、電気代等すべてをこれで賄うことになっていた。

被服で買えるものは、せいぜい1年分のシーツ用布か、寝巻きに使う浴衣生地と補修用の布ぐらいであった。地元の志段味地区や高蔵寺町の婦人会の皆さんから寄付して頂いた古着は、色鮮やかとはいかなかったが、洗濯機が普及していなかった頃で（昭和29年に発売された）、手で洗うため洗い方が不十分だった。

そこで、楽に効果的な洗い方ができるように考えて、自動洗濯機ならぬ児童が踏み洗いするところから「足踏み式児童洗濯機」を開発した。

この「足踏み式児童洗濯機」は、1.8メートル角にコンクリート・ブロックを並べ、コンクリートの床には排

水口を設けて栓を付け、水を張り、洗剤と洗濯物を入れて、5、6歳児数人が肩を組んで、私も仲間入りして、「ワイショイ、ワイショイ」と足で踏み洗いをした。洗濯というより「お祭りゴッコ遊び」だったが、結構楽に洗濯ができて重宝した。

　しっかりと洗濯したことによって、薄汚さとは決別できてよかった。児童指導員の配置は、10対1、40人の児童に保母は4人、これは養護施設も精神薄弱児施設も、小・中学生18歳未満の入所児童はすべて一律の時代で、職員の配置数も現在の3分の1程度で、振り返って、皆、耐忍度が強い人ばかりで、よく頑張ったと思う。

　勤務形態は、事務職員以外の療育担当者と調理員は住み込みで、常直だった。休みは原則として週1日、といっても午前8時から午後5時迄の8時間に限られていた。

　昭和36年から若干の重度加算で一人保母を増員することができたが、社会保険（健康保険・厚生年金・雇用保険）も加入できるようになったのは、昭和39年度からだった。老朽社会福祉施設の整備に国庫補助金が創出されたのもこの頃だった。

2. 家族の支援

　昭和25年8月に恵泉館の事業を開始し、10月に私は結婚した。

　妻の両親は、東京都渋谷区の自宅も、都内にあった航空計器工場も、空襲で焼け出され、従業員の救済のため、不動産等総てを処分した後で身軽で定職もなかったため、私と一人娘とが結婚した時から、家族従事者として恵泉館に同居して手伝ってくれることになった。妻の両親は共に50歳代の前半で、有給の職員以上に頑張っていた。

　子供を育てるために必要な事業費の1日分は1食分の米代しかなかった頃だが、私の生家が寺であるため、お供え物の主食類・野菜などを自転車の荷台やリヤカーに積んで7キロの道をせっせと運んで食料を補ったもので、檀信徒の皆さんに深謝していたところである。

　お正月3ヶ日が明けると、お供えの餅が250キロ程度、お盆には乾麺が100キロ程届けられて、食膳を賑わせて頂いたもので、当時の福祉財源の貧困補填に大きく貢献してもらったものである。

　なお、農協で椎茸菌を買って原木に打ち込んで椎茸を栽培したり、ケイジを手作りして200羽の養鶏をして栄養を補給したものである。

3. 歩けない子を世話する聾唖児

　6歳の重症心身障害児文子さんが、友達の肩に掴まって歩くことができることを発見したのは、同じ6歳の聾唖の若吉君である。

　戸外で皆が遊んでいたとき、若吉君が文子さんを玄関までうんとこうんとこと引っ張ってきた。

　玄関で靴を履かせ対面して肩に掴まらせ、自分の両手で文子さんの腰を支え、後ずさりして運動場のベンチまで連れて行った。

　この屋外ベンチは、私が図面を書いたものを大工さんに丸太を素材として作らせたもので、30人乗りの木製の遊動橋と共に幼児達の大事なお気に入りの遊具だった。

　そこで、15分程日光浴をした後、再びさっきと同じように肩を貸して玄関へ戻り、靴を脱がせて部屋へ連れて行った。

　「友達は一緒に遊ぶものだ」ということだろうか、優しくいたわる姿は、私たち職員を深く感動させた。

　職員だけが介護や療育を施すものではなく、幼児同士もかけがえのない療育資源であることを教えられた。

4. オルガンのチビ先生

ヤマハのベビーオルガンで「結んで開いて」とか、「ちょうちょ」「夕焼けこやけ」などを歌って楽しむ時間があった。

6歳の節子さんは、私がオルガンを弾くときは必ず傍に来て、私の手元を熱心に観察しながら歌う。

その様子から、「オルガンを弾きたいらしい」ということが推察されたので、弾き方の手ほどきをすることにして、最初は「チョウチョ」とだけ弾いて、彼女に代わって弾かせてみると、「チョウチョ、チョウチョ」といつも歌ってるように弾いてしまったのには驚いた。そこで、「ナノハニトマレ」と弾くのを見せて交代したら、「ナノハニトマレ」と見事に弾いてしまった。

こうして尺取虫が這うように、少しずつ確実に弾かせて4日で完結することができた。

その後2週間余り経った頃、節子さんに新しい曲を弾きたいとせがまれて一緒にオルガンの所へ行くと、節子さんより1歳下の秀子さんが、テンポはやや遅いが、「チョウチョ」を上手に弾いているのを見て、これもまた大驚きであった。

秀子さんも、オルガンが弾きたくて、節子さんに頼んで教えてもらったのだろう。教え方も、私のやり方を真似て、細切れに寸断して確実に教え込んだものに違いな

第二章　恵泉館編

い。僅かな日数で教え込むとは、大人顔負けの教育テクニックといえる。

　歩行の援助をした聾唖の若吉君も、このオルガンのチビ先生も、その後の私がこの人達とふれ合う場合、「和やかな楽しい間柄」を維持できるように努力する姿勢の基礎となったものに違いないとしみじみと思う。

　　　　団欒の　和気に包まれ　健やかな
　　　　　　　こころすくすく　育ち行くなり

　　　　いま一歩　身を寄せつなぐ　ふれあいの
　　　　　　　深まさりつつ　ゆとり豊かに

5. 飼犬に教えられた仲良し術

東谷山の中腹の一軒家である恵泉館は、夜間コソ泥にでも入られたら不用心であるので、開設と同時に中型三河犬1頭と2カ月遅れてシェパード1頭を飼っていた。三河犬には南向きの私の部屋の坪庭に面した廊下の縁の下に寝場所をつくり、シェパードは30メートル程の廊下の先にある玄関脇の犬小屋に鎖で繋いでいた。

その翌年の夏、夕日が沈んでからシェパードの鎖を解いてやると、建物の東端から、南〜西〜北へ回って芝生の庭（600平方メートル）へ出て、2匹で楽しそうにころころと遊んでいた。

微笑ましい光景に私も仲間入りしたくなってガラス戸を開けて口笛を吹くと、最初に「いずみ」三河犬が坪庭に帰ってきた。その後に続いて「恵太郎」シェパードが坪庭の生け垣を潜り抜けて入ろうしたら、「いずみ」が激しく吠え立て、牙を剥き出して追い払おうとした。

これはまずいと思ってガラス戸を閉め、姿を隠すと、2匹の犬はしばらくして、元どおり仲良くジャレあっていた。

幼児の遊びの中へ不用意に大人が介入すると、これと同じことが起きる。注意しなければならない。飼犬に教えられた教訓である。

第二章　　恵泉館編

6. 細かく折られたクレパス

　皆がクレパス画を描いていたある日、いつも熱心に描く2人の子が、チビたクレパスを苦労して使っていた。
　他の数人は長さが半分以上のクレパスが多いことを確かめて、新しいクレパスを2箱持ってきて2人にあげることにした。
　「上手に使った人に新しいのをあげましょう」と言って渡したところ、長いのが残っていた数人が一斉にクレパスをボキボキ折り始めてしまった。やられた!!　と悔やんでも後の祭り。この子達にも平等な扱いを要求する権利と知恵があることを思い知らされたのである。
　それからは、チビたクレパスを一旦回収して、平等に新しいクレパスを与え、チビたクレパスは色別に整理しておいて、随時補充用に分配することになった。

7. 着せ替えごっこ

　色柄と寸法がしっくりしない子の洋服を脱がせて、似合うものと着替えさせていると、周りに皆が集まってきて、「私もやって」と言っているかのように、着せ替えをねだった。

　とっさのことで、深く考えもせずに、大勢の皆にピシッと合う洋服を探すことは時間もかかるし、準備もしていなかったので、「着せ替えさせればよいだろう」と気楽に考えてＡ子さんの洋服をＢ子さんへ、Ｂ子さんのをＣ子さんへと順に着せ替えていった。

　すると、着せ替えられた子同士が元着ていた洋服の引っ張り合いっこを始めた。さっきまで着ていた洋服の方が気に入っていたのだろう。要するに、「相手になって欲しかった」だけかもしれない。

　そこで、元通りに着せ替えさせることにしたところ、ぐずる子もなくて無事落着となった。

　こうしてその場はどうにか繕ったものの、悔やまれるのは、私が不注意にも皆の前で、１人だけに特別な扱いをしたことには違いないという「思いやりに欠ける行為がなされた事実」を深く反省したものである。

第二章　恵泉館編

8. オハギ過食事件

　最重度ダウン症、14歳の男児のお父さんが昼食直後に来館し、面会を申し出られた。「好物のオハギを持参したから食べさせたい」とのこと。

　「昼食を食べた直後だから、食べさせないように」お願いして、親子水入らずの面会を楽しんでもらうことにして席を立ち、20分程経ってから面会室へ行った。オハギが9個入っていたはずの空の重箱を前にして、坊やが蒼白い顔に脂汗を浮かべて苦しんでいる。そこで私は彼の右脇下に首を差し入れ、担ぐようにしてすぐ近くのトイレへ連れて行き、背中を撫で、軽く叩くと、今食べたオハギと昼食に食べた物を全部吐き出して、無事処置が終った。血の気が戻って元気になった息子の肩を抱いて、父親はくどくどと詫びごとを言う。

　応急の処置をして無事だったものの、苦しんだのは息子。「親心」とは、不可解なもの。

　息子に「好物を食べさせたい」一心から、父親側の一方的な押しつけで状況判断を誤ってはいけない。初めに、過食をさせないようにソフトにお願いしておいたのに見事に無視されてしまった。

　しかし、この体験が数年後に、「愛情の欠乏から異常食欲を訴える女性の対応に役立つ」ことになったのである。

9. お客様ごっこ

　いつも集団生活をさせていると、幼児期に大切な日常生活上の細々としたマナーを身につけさせる上で工夫が必要である。

　板張りの食堂で座布団を敷いて食事をさせれば、食べ物をこぼしても後片付けは容易である。

　しかし、畳の部屋でも落ち着いて失敗しないで食事ができるように習慣づけなければならない。

　そこで、人手が少ないため（幼児10人につき保母1人）毎食時に実施することは困難だが、週に1回月曜日の昼食を「お客様ごっこの日」として、招待児4人に職員1人がお相手をして、気を配りながら、ゆったりと食事をさせることにした。

　廊下から床の間付きの8畳間へ入るとき、障子を静かに開けてスリッパを揃えて静かに部屋に入り、正座して挨拶をする。

　「どうぞ、お席について下さい」という案内を聞いてから、静かに自分の席に着く。

　箸の握り方・食品を食べる順序・お茶や汁の飲み方・音をたてない食器の扱い方等、発達段階に見合うアドバイスを静かに受ける。

　職員1人と幼児4人の、家庭的な落ち着いた食事風景は楽しい。

第二章　恵泉館編

　お相手をする女子職員も、おしとやかで、声の調子も穏やかになったという副産物もついた。
　幼子達のマナー研究会のような雰囲気は、幼児達に、保母さんの優しいアドバイスを素直に、しかも主体的に受け入れようという姿勢が育てられて、大変楽しかった。
　この「お客様ごっこ」が他の日常生活場面でも、職員と幼児との関わりや子供同士の人間関係にも段々と良い影響が波及して、和やかで打ち解けた暮しが益々充実していく端緒となって、今日に及んでいる。
　知的障害のある幼児を信頼して「育ちを待つ」一歩退いた療育姿勢と和やかな人間関係の維持が個人の主体性を支え、自信に満ちた日常生活を育てたものに違いない。
　幼児に限らず、所謂、弱者に支援の手を差し伸べるときは、介助する側が主人公になって相手側の主体性を侵害するようなことがあってはならない。
　どういうことか説明すると、例えば、靴下を履かせる場合、爪先5、6センチのところまで介助して履かせ、後は自分で踵まで上手に履くように励まして試行させるのである。履けたら褒めること。
　食事にしても、「手掴みでもよいから自分で食べる」ことが発達を促進することになる。
　手掴みで食べても差し支えないように、手を綺麗に洗

って自分で食べるように勧めればよい。

　このとき、最初の一口分はスプーンに入れておき、下手でもよいからスプーンを持って食べるように助言し、食べたら褒めること。2匙目、3匙目位までは自分でスプーンを使うが、後は手掴みになってもよい。

　毎食事この要領で介助すると、極めて短期間でスプーンが使えるようになってしまう。

　育てる側が、片付けが遅れるとか、まだるっこくて見ていられない、と短気を起こさないことが肝要である。

　脳性小児麻痺で、左手足に麻痺が残っている2人の男児が、右手で丼を持ち上げ、左手の甲と左肩と左顎で支え込んで右手に持ったスプーンで食事をしている姿は、自信に溢れている。

　もし、この2人に職員が介助の手を差し伸べていたら、おそらくいつまで経っても自立はできなかったと思う。この2人が素晴らしいのは、何と言っても、「このような食べ方を自分自身で開発した」ことにある。必要最小限度の手助けに止め、援助の手を控え目にして「自己開発を促す」ことが何よりも大切なことである。

　　　慈しむ　心つたえて　さわやかな
　　　　　　言葉うれしく　共感を呼ぶ

第二章　恵泉館編

10.　機械科工作と障害児

　数年来の懸案であった、春日井市立篠木小学校の分教室「ひまわり学級」が、昭和36年4月から教師1名の派遣を受けて開設された。

　小・中学生徒9名（男子4名・女子5名）が、特殊教育を受けることになった。

　課外活動として、農耕、園芸等いろいろ検討した結果、私が昭和18、19年頃、駒沢大学在学中、勤労動員で、東京都中野区にあった中西航空機で飛行機のエンジン部品を加工したとき、旋盤やボール盤を扱った経験から、

① 　天候の影響を受けずに室内で安定した運営ができること

② 　衛生的で危険がないこと

③ 　しかも初歩的な作業から高度な精密作業まで、適性に応じた選択が容易であること

から「機械科工作」をすることになった。

　名古屋営林局の木造建物5坪の払い下げを受け、自分で取り壊し、トラックで運び、コンクリートの基礎工事も、組立ても自分1人でコツコツし、内装工事も綺麗に

仕上げ、機械科の工場にした。

そこへ「卓上旋盤2台とボール盤2台」を購入して、活動を開始した。IQ45から70程度の生徒達は、教室での勉強よりも機械科の作業が気に入って、授業後、毎日4人の男子生徒が仕事を楽しんだ。

導入方法は、「好きになれる」ように、最初のうちは5分だけ経験させて、次の日からは5分ずつ増やしていくようにした。

「ちゃんとできる、もっとやりたい」という自信を最初に持たせるには、短時間に限って試行させたのがよかった。

普通は、慣れないうちから長時間やらせて、疲れさせたり、失敗させたりして、自信を持たせるどころか人間関係に嫌悪感を与えてしまって、失敗する例が少なくない。

「おもしろい・楽しい・好きだ・もっとやりたい」と意欲を育てることの大切さを、機械科の課外活動で学ぶことができたものである。

　　幸せを　　祈るその時　　和気溢れ
　　　　心はぐくむ　ふれあい楽し

第二章　　恵泉館編

11.　ミツバチ組誕生

　卓上旋盤2台とボール盤2台で始まった機械科工作の課外活動が1年経つと、義務教育終了年齢に達する生徒が出てきたため、職業指導として、機械科を本格的に取り上げることになり、昭和37年2月にプレハブ建1棟20坪の工場を建てた。

　その工場に富士精機株式会社に特注して、単能盤のチャック開閉の安全装置（チャックを閉じて加工品を固定しなければ、切削作動しないように電磁リレーを付けたもの）や剥き出しになっていたベルト部分に覆いを付け不用意にベルトに触れないようにした機械3台を購入した（以後、会社では、安全性とスタイルの良さから、この方式が取り入れられた）。そこへ、機械操作は未経験の男子指導員1名を配置して、機械の取り扱いやバイト（切削用刃物）の研磨・装着の仕方を教えながら、生徒3人の世話を私が担当して、機械科の職業指導が発足した。

　ブンブン働いて楽しむところから、「みつばち組」と命名された。

　過去1年間、徐々に機械と慣れ親しんできた3人は既に自信満々。機械が金属を削ると、切粉（削り屑）がクルクルと綺麗に巻いて落ちる様子を見て、楽しみながら仕事を続けていた。

ところが、しばらくすると刃物が摩耗して調子が狂う。「ダメだ！　早く、なおして！」と訴える。

　この時の対応が非常に大切で、もたもたしていてはいけない。間髪を入れずに調整して、試し削りをした上で、本人の同意が得られたら、「よーし、大丈夫だな」と確認すると、上機嫌で許してくれる。

　一人の調整が終ると、他の2人が次々と機械の調子を調べるように要求してくる。この場合も、間髪を入れず、直ちに調整を済ませれば、生徒の作業ぶりはリズミカルに続けられ安泰である。

第二章　恵泉館編

12.　全員参加で人形劇

　恵泉館の定員40名の中、重度・最重度の知的障害児が80％、32人で、この中には重症心身障害児が12人含まれていた。

　この人達は、愛知県心身障害者コロニーに、重症心身障害児施設「こばと学園」が昭和43年4月に開設されるまで、恵泉館に入所していた。

　そこで、障害がやや軽い人と重い人とが協力して楽しく暮らすための療育メニューを工夫した。

　全員参加で、いたわり合い助け合って一つのことをやりとげるために、「人形劇」をやることにした。

① 新聞紙を細かくちぎって雑巾バケツに入れ、水に浸して紙粘土の素材を作ることは、障害の重い人達も参加できる。

② 紙粘土で人形を作るのは全員でやる。

③ 色を付けるのも全員で。好きなように塗ればよい。

④ 着る物を縫うことや木片で手を作れる人は、仕上げをする。

⑤　ストーリーは、皆で話し合ってつくる。

⑥　テープレコーダーを使って台詞や効果音、BGMを入れる。

⑦　テープに合わせて、人形を扱う。

　以上のことをまとめるのに3カ月程かかり、「上演練習」は、その後毎日続けた。練習の場には、人形を扱う6人以外は、観客として動員し皆で楽しむことにした。

　こうして、1カ月後には、老人ホームへ慰問に出かけることができた。この人形劇団の老人ホーム慰問は、「ひまわり座誕生」として日本テレビで紹介されたところである。

　私が人形劇を全員参加でやろうとしたねらいは、障害の種類や軽重にとらわれることなく、一層和やかで細やかな人間関係を醸成し、恵泉館の「いたわり合い、助け合う」良い伝統を更に確実に育てようと切実に考えたからである。

13. お掃除ごっこ

　私が小学校5年生の頃、教室の掃除当番のときに、はたきや箒でチャンバラをやっていたら、女児の誰かに告げ口されて、担任の先生から1週間余分に罰当番を言い渡された。

　「教室の掃除をすることは良いこと」だと思っていたが、罰としてやらされると「馬鹿らしいこと」に思える。修身の時間に先生から聞いた話と矛盾している。

　私は、「さぼった者には、掃除をさせない」と言うべきだとその頃思った。あれから20年以上も経っているのに、恵泉館で児童たちと掃除を始めると思い出す。

　あの担任の先生のような馬鹿なことをしてはいけない。

　「良いことには、楽しく参加させる」ように考えた。各部屋を数人ずつで掃除するときに、「さあ、みんなでお掃除しよう」と呼びかけると、箒や雑巾、バケツに水を汲んで運ぶ子がいる。

　こうして道具を準備している間に、重症心身障害児の誠君は、尻を下ろした姿勢で、両踵を上手に使って室内の座布団を部屋の隅に移動させている。

　箒でセッセと掃く子、塵取りを持って待ちかまえる子等皆が嬉々として働いている。

　雑巾を絞って渡すと、次々に床拭きが進んでいく。真

中に立って右や左へ逃げながら、雑巾掛けの邪魔をしている子がいる。

「チョット、邪魔だから、外で待っててね」と追い出して、雑巾絞りを2、3分続けてから戸外に目をやると、さっき追い出した子が窓際に来て、羨ましそうに皆の活動ぶりを見ている。

彼も参加したいのだ。そこで窓を開けて、「雑巾かけたいかね」と声をかけると、コックリ頷いて部屋へ飛び込んで来た。雑巾を絞って差し出すと、ニッコリ笑って雑巾をかけ始めた。大成功で一件落着。

第二章　　恵泉館編

14.　石コロ拾い

　恵泉館の門を出て堤防まで150メートルの位置に庄内川が流れていて、川原でよく遊ばせたことがある。

　茶色で艶のある石、グリーンの石、ブルーの石、まっ白な石等いろいろあった。その中で茶色とブルーの石を集めて恵泉館の建物の周りの犬走りに敷き詰めることにして、春先のお天気の良い日にビニール袋を持たせて出かけた。

　同色で、子供達のコブシ大の石を集めるように説明して、集めた石は見せに来るように伝えた。

　私の隣に座りこんだ信幸君5歳が手当たり次第に拾って次々差し出すのを、「残念、違うよ」と言って放り投げると、彼はカンシャクを起こして泣きじゃくる。

　茶色の手頃な石を示して、「こういう色の石を探すんだよ」と穏やかに説明すると、泣きながらコックリをした。

　大きさはこの位の石を、と現物を握らせて感触や重さを体験させ、自分で探すように促した。そうすると、彼は拾った石を両眼の前3センチ程離れた位置で、左右に動かしながら、熱心に観察している。特に右眼は焦点が合わないらしく、眼にくっつきそうになるまで近付けている。さっきまでは手当たり次第に拾っては差し出していたのに、今度は地面スレスレに顔を近付けて次々と合

格品を探し当て始めた。
「石を集めるという意味は理解できても、彼の積極的な行動力が、茶色の石をよく確かめさせなかったにすぎない」
信幸君は、この体験で不自由な眼ながら、「使い方のコツ」を覚えて、あわてないで「眼で見て確認する」動作が取れるようになった。石コロ拾いで視力の異常が発見できたことと、不自由な眼を有効に使える機会に恵まれたことは、彼にとって大きな収穫であった。

第二章　　恵泉館編

15. 物分かりの良い子

　茂君9歳は養護学校に通っているが、お母さんの話では、「学校で乱暴するから、困ると言われている」ということで、毎週土曜日の午後1時間ほど恵泉館の通所療育に来てもうらことになった。

　興奮・多動・最重度・発語なし、という個性豊かな茂君の対応には、家庭でも学校でも充分研究して関わらなければならない。つまり、この子に合う接し方を検討する必要がある。

　あるとき、恵泉館の15坪程の事務所兼応接室に入って来るなり、部屋の奥にあった冷蔵庫から紅茶の包を片手に持って、窓の外を指差し「アン、アン、アン」と訴える。

　お母さんは「それは、よそのだから早く返しなさい」と心配気に言っていた。

　そこで私が、「茂君は紅茶が好きなんだね、お家へ帰ってからお母さんに作ってもらおうね」と話したら、コックリ頷いた。

　「紅茶を片手に持って、窓の外を指差したサイン」をどのように受け止めるかが問題である。「これ、家にもあるよ」と言いたかったのか。

　またある日、「昨夜、絵本を見ていたら、青いリンゴを指差した後、窓を指して、アン、アン、訴えるので、

買って欲しいのかと思って困ったが、車で近くを一回りして寝かせました」と言うお母さんの話。

　次回、絵本を持参してもらって、茂君とお話しすることにした。「これは青いリンゴだね。秋になると、こっちのリンゴのように赤くなって、箱に詰められ、スーパーへ来ると、茂君はお母さんと一緒に買いに行くんだね」と話すと、頷きながら楽しそうに聞いていた。「アン、アン」とサインがあったら、いろいろな場面を想定して、お母さんが手短に言葉に出して話すと、当たっていれば頷き、違えば頭を振る。クイズごっこが楽しめる。

　言葉が出ない人の場合、お母さんが「何を話しても分からないだろう」と考える場合が少なくない。そこで、うっかり悪口を言ったり、問題行動について子供さんの面前で家族が話したりすると、「話の内容が理解できる」ので、怒り出すことがある。怒らせる原因を、家族や指導員が作っておきながら、言葉が出ない知的障害者の「問題行動」だと決めつけるのは、本人にとって誠に迷惑なことであるから、充分留意したいところである。

第二章　恵泉館編

16.　間違ったレッテルを貼らないで

　茂君が恵泉館へ週一回1時間の通所療育に通った3カ月目の中旬に、養護学校を訪ね、療育計画について打ち合わせた。

　学校側の意見では、「養護学校では不適応。是非、恵泉館のような四六時中療育できる入所施設で世話して欲しい」とのこと。

　他人を傷つける「乱暴者」というレッテルを貼られて、「学校では手に負えない子」と決めつけられていた。

　2カ月余りに亘る数回のミーティングで、「気は小さく、自分で話すことはできないが、簡単な日常の言葉を理解できる能力はある」ということが分かっていたので、学校でいつも集団（グループ）で扱うばかりではなく、ほんの2、3分ずつでいいから1時間に1回、個別的な話しかけをして彼の心を引きつけておき、「何をどのようにやるか、前もって予告する」と宜しいと提案したが、1人だけに特別な扱いはできないと、拒否されてしまった。

　教師の態度が許容的でないと、人間関係が円滑に保てない。これでは、療育できないと諦めて、恵泉館で受け入れることになった。

　茂君は学校で友達に頻繁に怪我をさせ、「乱暴者」という間違ったレッテルを貼られてしまったことで、家族にも「困り者」扱いされるようになってしまった。

これでは、楽しく落ち着いた生活環境を維持することが極めて困難で、問題行動を連続させざるを得ないことになる。

　恵泉館での受け止め方は「全面受容」で、1時間に1回以上担任が2、3分接触をして、行動に関する「予告・アドバイス」を繰り返した。

　食堂で入室するときトラブルがあって興奮したが、別室へ連れて行き、息づかいが静まるのを待って、「おいしいご飯を食べようね」と話すとコックリと頷く。そこで一呼吸置いて、興奮の収まり具合を確認してから食堂へ案内したら、落ち着いて食事をすることができた。

　茂君はウインナーが大好きで、自分の席に着く前にチラッとウインナーを見てから直ぐ私の席に来て、配膳されているウインナーを指差して、「アン、アン」と遠慮がちに要求する。多分家にいた頃、お父さんに貰っていたのだろう。小皿ごと差し出すと、ニコッと笑って自分の席に帰って私の方を振り向きニコッと会釈していた。自分の要求が受け入れられて満足だったのだろう。

第二章　　恵泉館編

17.　養豚業のお手伝い

　宏君12歳は、ガッチリした体格の逞しい少年である。両親と一緒に相談のため来館して、相談室のドアを開けて入室するとき、両親にガッチリと両腕を掴まれていた。手を放すように言っても、応じてもらえなかった。

　「この子は凄く暴れて、物を壊すから放せません」ここは恵泉館の相談室だから、もし壊しても弁償させないから放すように言ったら、渋々ながら手を放した。

　このやりとりをニヤニヤ聞いていた宏君は、手を放されると、応接椅子の上をピョンピョン跳び移った後、私の隣の席にチョコンと腰掛けた。

　コップのカルピスを一息に飲み干し、お代わりを欲しがる様子が見えたので、5メートル程離れた位置にある流しで水を汲んでくるように言った。

　宏君は椅子から立上り、事務机の向うを回って、流しで水を汲んで、席に戻って美味しそうに飲んだ。

　「宏君はモノは言えないが、私の言うことはよく分かりますね。コップに自分で水を注ぎ、障害物を避けてこのテーブルまで運びました。お父さんが、もし、こんなロボットを注文したとしましょう。いくらかかると思いますか」

　「おまけに、私との関わりが気に入ってニコニコしています。ロボットに感情を入れることは、まだできませ

ん ね」と言っておいてから、宏君の問題行動について聞くことにした。

ロボットの話で出鼻を挫かれたのか、ポツリ、ポツリと家庭における状況を話し出した。

① 養豚業をやっていて、豚舎のトタン屋根の上を走って、腐食した部分から豚舎の床へ落ちたこと。

② よく行方不明になるので、家の周りを2.7メートルのトタン板で囲ったら、横桟をよじ登って外へでたこと。

③ 上部に忍び返しを付けたら、囲いの下にスコップで穴を掘って外へ逃げ出したこと。

④ ビニールホースの切れ端やロープの短い物が好きで、ブルンブルン振り回して遊ぶ。

⑤ 耕運機に同乗することが大好きで、よくせがまれること。

ご両親は困るけど、「遊び相手になってもらえないため、彼なりの工夫をして遊んでいる」だけ。

重度の知恵遅れはあるけれど、「異常ではない」こと

第二章　恵泉館編

を説明して、1週間に1回、1時間程の通所療育に連れて来るように打ち合わせた。

　宏君にできそうなお手伝いはないかと尋ねると、時々子豚の空になった餌箱を運ぶという。

　それでは、毎日餌箱運びの手伝いをしたら、必ず耕運機に同乗させて1キロ以上遊んであげるように、そして、この二つのことを記録して、次の回に持参することを約束した。

　1週間後、連れ立ってきた親子の表情は、別人のように晴れ晴れとしていた。

　更に、記録を見て驚いた。3日目以後には、一輪車で一度に20個も運び、数回で100個も運んでいる。家族の人間関係が改善されると、宏君の潜在能力がどんどんと加速度的に発揮されている。難しい話しは抜きにして、ロボットとの比較論から生身の人間処遇について両親が目覚められたことは、大慶至極。仕事、仕事で日が暮れて、遊びたい盛りの宏君のお相手をすることが疎かになっていたものを、子豚の餌箱運びという遊びが与えられ、ご褒美のドライブまでついた。この先は、できれば、同年齢のお友達が2、3人加われば、なお一層楽しくなるという夢も生まれた。

　宏君との付き合い方が分かってからは、パッタリと来られなくなって、もう22年になる。一家の皆様のご多幸を祈っている。

18. 合奏団誕生

　オルガンのチビ先生が友達に手ほどきを始めてから数年経った頃には、オルガンの弾ける子が3人と、ハーモニカ・木琴・大太鼓・小太鼓・カスタネット・シンバル・アコーディオンを扱える子等が合計8人になった。そこで、いよいよ合奏団の誕生である。

　専門の音楽の指導者なしで、どうしてここまで育ってしまったのか、不思議な気がする。

　素人の私がこの子らと楽器いじりを楽しんで暮らしてきたこと以外に理由は見当たらない。

　もっとも寺で育った私は、小学生の頃、農繁期託児所が開設されるときにお手伝いに来ていた小学校の先生や母が弾く童謡を聞いて、空いているときに勝手にオルガンをいじって、童謡や唱歌が弾けるようになっていた。

　要するに、独学・我流の弾き方しかできなかったことが、かえって先生ぶって威張ったりせずに親しく和やかに音楽を楽しめ、この子等の自発心を育てたのかもしれない。

　オルガンの弾ける3人の中の1人にアコーディオンの扱い方を手ほどきして、よく弾けるようになってから、オルガンとの合奏をさせた。それぞれ単独でテンポを整えさせ、別々に弾いてテンポが合うようになったところで合奏をさせて、成功した。

第二章　　恵泉館編

　次には、オルガンとアコーディオンの合奏にテンポが合うように、木琴の演奏を導いて、やがて三者の合奏。大太鼓・小太鼓・カスタネット・シンバルも同様に逐次参加させて、2カ月後にはめでたく8人編成の楽団が誕生した。

　楽団のメンバーを励ます意味で、毎月1回以上外部へ出かけて演奏活動を開始したものである。

19. 機械科のノウハウ

「鉄工の機械科は、知的障害者には危険である」というのが一般的な常識になっている。否定はしないが、扱い方さえ正しければ、刃物を動かす木工よりは安全度が高い。木工では、鉋・丸鋸・ベルト鋸・鑿等は皆刃物が動いて作業する。それに、おが屑も粉塵を舞い上がらせるので、集塵装置があっても不十分な点が残る。

ところが、鉄工の機械科ではドリルによる穴開け作業以外は披削物が回転して、刃物は僅かにゆっくり動くだけであるから安全。

披削物や削り屑が発熱して煙を出すことがあるが、排煙装置で容易に対処可能であるから衛生的である。

鉄工所で働く一般の人は、「欲がある」から能率を上げようとして無理をすることが多いので、とんでもない事故を起こすことがある。

ところが、知的障害者は、ジックリと取り扱い方の基本を修得させれば、真面目に「無欲の作業を継続できる」という長所がある。

① 機械のトラブルが発生しない工程管理を工夫する。

② 怪我をしない安全な保持具を作って与える。

第二章　恵泉館編

③ 安定した気分で楽しく作業が継続できるように、20分間隔程度で励ましの声かけと機械の点検、調整をする。

④ グループの円滑な人間関係の維持に資する助言を繰り返す。

⑤ 整理整頓、特に手洗い用の洗面器は、使った人が直ちに洗面器をきれいに洗って、次の人に席を譲る習慣をつける。

　このようにして、清潔で整理整頓の行き届いた環境で、楽しく打ち解けて作業をする習慣が育てられることによって、安全に能率良く機械科の職業指導を継続することができている。
　この場合、担当職員自身が、整理・整頓や生活態度についても良いお手本を示すことが肝要である。
　油で汚れた手を洗う場合、指導員が先ず手を洗った後、洗剤を使って洗面器と壁面に着いた汚れをきれいに洗い落してから次の人に席を譲れば、きれいな洗面器を気持ち良く使うことができるので、この手順が「真似」されて良い習慣が育つ。

20. やる気を育てる

　真喜子さんは、4歳のとき父が亡くなり、6歳のとき母が亡くなって妹と2人残されたため、伯母さん達が協議して、妹は養女に、真喜子さんは伯母さんに育てられることになったが、6カ月後には精神薄弱児施設に出された。

　18歳になって精神薄弱者更生施設に移され、32歳のときに手芸品店のお手伝いさんとして住み込みで自立を目指したが、折合が悪く、退職させられた。

　元いた施設では再入所させられず、困った施設長さんに頼まれて、恵泉館で補助職員としてお世話することになった。

　誰でも初対面のときは緊張するもので、第一印象がその後の人間関係に大きな影響を及ぼすことから、「真喜子さんは別嬪さんだね」と声をかけたら、ニコッと会釈していた。「2、3日慣れるまでは、事務所の掃除とお客様にお茶のサービスをするように」と話した。

　慣れてからは、文書の受付をして、文字を書く稽古と会話を多くするために電話の受付係を指示した。

　半年経った頃、私の推定では、日頃の生活態度と生活歴から見て、生来性ではなく、生育環境による「仮性精神薄弱」と思われたので、何か生き甲斐になるような目標を見つけることにした。

第二章　　恵泉館編

　学歴がないことは今更仕方がないから、代りに自動車の運転免許を取るように勧めた。
　しばらくして、その気になったので自動車学校へ案内したところ、学歴を聞かれたり、テキストを読むように言われたら、怒って乗せて行った車のところへ帰ってしまった。
　テキストを1部買って、これから半年か1年かけて勉強しよう、ちゃんと教えるからと言って、なだめすかしてから、本屋に寄って国語辞典と漢和辞典を買って帰った。
　最初の1頁分の漢字をノートに書き、読みと解釈を書いて渡した。次には、漢和辞典の使い方、画数の数え方を手ほどきしたら、すんなりと覚えた。読み方が分かったら、国語辞典を引いて解釈を理解するように教えたら、これもうまくいった。
　こうして、僅かな支援をしただけで独学で勉強をして、1年後に教習所へ行ったら見事合格した。
　3カ月かかって普通自動車運転免許証を手にした真喜子さんが、明るく、自信に満ちた生活が送れるようになった頃、吉報が届いた。
　日頃事務所で真喜子さんにお茶のサービスを受けたことのある出入りの酒屋さんが、「嫁さん探しをしている家があるから」と言って真喜子さんにピッタリの男性の写真を持ってきた。

背は高く美男子である。檀家の資産家で、すべてのご家族を私はよく知っている。ご長男で、特殊学級卒、国家公務員（自衛隊勤務）、年齢は1歳下。真喜子さんに話したら大満足で、特に1歳こちらが年上だから、私の方が威張れるから嬉しいと言う。

　先方は、「係類のない健康な女性で、知的レベルも息子と同程度」を望むということで、トントン拍子にこの縁談が纏まった。

　既に、本家から100メートル程離れた所の100坪の敷地に35坪の新家が建てられていた。

　話しがあってから2カ月後に結婚式を迎えることで、新家庭を築く準備、花嫁修業をさせなければならない。

　10年余り勤務していた栄養士さん（私が頼まれ仲人をした人）に頼んで真喜子さんの実力に合う「献立」と量・予算の買物リストを20種類作ってもらって、買物から調理までの実習を続けて実力を磨いた。

　こうしてめでたくゴールインした2人だが、新婚旅行に行った先から公衆電話がかかって閉口した。

　「モシモシ」、「ワタシ」、プッツン。「モシモシ」、「ワタ…」、プッツン。長距離電話のかけ方を教えてなかったことを後悔したが、今は幸せに暮らしているので祝福している。

第二章　恵泉館編

21. 信一君と朝顔の花

　信一君は、3歳2カ月のとき恵泉館へ入所した。お母さんが第2子を妊娠されて、聾唖のヤンチャ坊主を育てることは、切迫流産の恐れがあるからと言う医師の警告が理由であった。家具や調度品を壊すので、本家を出てマンション暮しをしているが、1階には何も置けなくてガランとしている。座敷机の下に潜り込み、ヒックリ返して遊ぶという。どんな暴れん坊かと期待していたが、恵泉館には友達が大勢いて遊び相手には事欠かないから、ごく普通に遊んでいた。

　朝顔が咲く頃になると、信一君は毎朝せっせと赤い色の花を摘むのが日課になった。窓の内側に長椅子を置いてもらって、手の届く範囲を全部摘み取る。翌日は、屋外へ出て、立った姿勢で摘む。次の日は、屋外に長椅子を出してもらい、支えられながら摘んでいた。

　昭和26年から勤務していた勤務歴10年余りのベテラン女性指導員Nさんは、幼児の「こころ」を掴むことがうまい。

　摘み取った花が子供用のバケツにいっぱいになると、「おしまいよ」というサインを信一君は耳が聞こえなくても理解していた。

　花を2、3枚まとめて指先で摘ませて、画用紙を差し出すと、彼は何か描き始めた。紫色に近い、赤い色の雲が

もくもくと連なっているように見える絵は、夕立の後の夕焼け空のようで素晴らしかった。

　絵を描くことに興味を見せた信一君にクレパスを与えることになってから、毎日一枚描くのに20分以上集中して描画に打ち込んでいる姿は真剣であった。こうして描いたクレパス画は5歳児以上の出来栄えだった。特に、男の子、女の子の「うごき」のある描き方は、小学3年生以上の技巧である。

　4歳から聾唖学校の幼稚部に入学させるため、面接を受けたら合格したので、送迎のための軽自動車を購入し、近所の主婦に運転を依頼した。

　幼稚部から小学部へ進学したとき、家庭復帰を働きかけたが時期至らず、やっと4年生になるとき、両親の元に帰ることができてほっとした。

第二章　恵泉館編

22. 何度やっても「駄目」とは？

　弘明君は5歳のとき恵泉館に入所した。「手をつなぐ親の会」の勉強会に講師として出席したとき、相談に乗ったのが縁で、家庭で育てられる程度に「行動力をコントロールしてもらいたい」という主訴であった。

　家族が2階の和室に閉じ込めて、お使いを済ませて帰ってくると、弘明君が屋根の上から瓦を落しているのを見て驚いた。梯子を掛け、屋根から下ろして部屋へ連れて行って、これまたビックリ。壁のベニヤ板を剥がし、天井を破って、屋根裏の野地板も破って瓦を押しのけ、屋根へ上がったことが分かった。

　また、あるときは、米の貯蔵用のカンの中でゴソゴソ音がするので、懐中電灯を当てて覗いたら、弘明君が中にいた。直径15センチ程の小さな穴だが、自分で入ったものなら出せるはずと考えて、どうにか引っ張り出すことができた。

　ひとときも目が放せない弘明君には、祖母も両親もほとほと困っていた。

　3歳頃までは帯で縛って柱に繋いでいたが、歯で噛み切ってしまう。しかし、ロープで縛るのは可哀相だから代りに2階和室に閉じ込めたという。

　そこで、彼は遊びとして、壁土をほじくり壊してしまうので、止むを得ずベニヤ板をはったが、これも前記の

ように破られてしまった。閉じ込められている間に、彼は指先の練磨に精を出したのだろう。両手の指先の力は抜群で、恵泉館でも早速、黒板の表面を剥がされてしまった。

靴下は履いたことがなかったので、履かせると直ぐ脱いでしまう。担当の指導員に、脱がなくなるまで何度でも根気強く履く習慣をつけるように指示したところ、「何度履かせても脱いでしまう」と言う。そこで、指導員の言うことが事実かどうか、立ち合わせて実験をした。

弘明君をソファーの私の右側に掛けさせ、先ず右足に履かせ、次いで左足に履かせている中に、右を脱ぐ。その3秒後に左も脱ぐ。手早く、右と左を履かせる。5秒後に両方脱ぐ。3秒が5秒になったから、この分でいくと20回もやれば脱がなくなるはずである。

3回目は8秒。4回目は15秒。5回目は22秒。6回目は30秒。7回目は45秒。8回目は1分05秒、この頃になるとニコニコ、キョロキョロしながら遊びを楽しんでいる様子。

9回目は1分40秒。面白いことにタメ息まじりに、面倒臭そうに脱ぐ。10回目は3分50秒。11回目は5分10秒。「弘明君は言葉は言えないが記憶力・推理力・判断力は普通以上に優秀だから、この分だと私が何を望んでいるか理解し始めたようだ」と指導員と話しながら相手にな

っていると、落ち着いてニコニコしている。

　12回目は最高記録の11分。13回目は15分。もう、ここまできたら脱ぐ気配がない。15回目で20分を超えたので、成功を宣言した。

　「何度やっても駄目」という文学的表現は、福祉の現場では「禁句」であること、5回なら5回、10回なら10回と正確に受け止めるべきであることを指導員に強く伝えた。

　こうして、靴下を脱がなくなったことで、靴を脱がなくすることも容易に習慣づけることができて、屋外活動もさせられるようになった。

　恵泉館の建物は、このような児童でも安全に暮らせるように、窓の設計に特別な工夫がしてある。1、2階とも普通の中窓にすると、転落する恐れがある。そこで、窓辺に近寄りやすい南側は上中下3段に分けて上窓と下窓に格子を設け、中間はコンクリート壁にガラスのカラーブロックを任意に配置して、窓外の景色を見る代りに赤・黄・緑・青のカラーブロックの透過色彩を楽しめるようにした。北側は上下2段の通風・採光窓として格子を設け、中間部はコンクリート壁に壁画を描き安全を図ったものである。このような設備上の配慮があることによって、弘明君のような行動力の旺盛な児童でも、安心して受け入れることができている。

23. 頂門の一針「母心」

　名古屋市千種区内に墓地があって、一坪ほどのお堂がたくさんある。弘法堂と呼ばれている。そこに暮らしていた母子世帯の幼児が「生活環境が好ましくない」ということで施設入所措置が取られたのを、引き受けることになった。

　直ぐその翌日お母さんが来て、一目合わせて欲しいと言う。昨日入所した3歳の女児を連れて来ると、お母さんはしっかりと抱き締めて、「少しその辺を散歩したい」と言いおいて、ゆっくり歩いて出かけて行った。

　それっきり、1時間経っても、2時間経っても帰らなかった。

　結局「わが子を」取り戻したかったのだろう。

　1週間待って措置解除の手続きを取った。

　民生・児童委員さんや児童相談所の係員など福祉の関係者が家族（母親）の意志を充分確認しないで事を進めると、このようなことが起こってしまう。

　私たち施設関係者も、公的な「児童相談所の措置」を鵜呑みにして家族の心情を確認することを怠ると、非常に苦しまなければならなくなる。「福祉を押し付けるべからず」と肝に銘じて実感した事件であった。

　緊急一時保護の場合でも、利用する人の意志を尊重しなければならない。

第二章　　恵泉館編

　愛知県では事前登録制度があって、施設を利用する事前に施設を訪問して、予め利用することについて、本人の承諾を得ておくことになっている。
　ところが、名古屋市にはこの制度がないため、福祉事務所にお願いして、緊急一時保護や入所措置の場合、事前に本人の意志を確認するため一度訪問してもらうようにお願いしている。
　言葉がなくて意志の確認が困難と思われるような最重度の人の場合でも、よくお話しすると「コックリ」と頷いて意志表示できる場合が多い。

24. 男泣きの父を救う

6月のある日、児童相談所へ出かけた。玄関を入ったところで、制服姿の看護婦さんの前のベンチで、30歳半ばの女児を抱いたお父さんらしい人が泣いていた。

所員に聞くと、「2人目の出産で母子ともに他界された父子家庭の骨発育不全・無眼球の重症心身障害女児7歳が、治療対象外ということで1週間で医療施設を退所させられたので、相談所としても困っているところだ」と言う。

障害児を抱えて会社に出勤することもできず、この先どうしたらよいか途方に暮れるばかり。

この明美さんが医療施設で治療対象外ならば、重症心身障害という後遺症はあるが医療は差し当って必要がないと思われる。それなら精神薄弱児施設で受け止めることが可能であろう、と考えて児童相談所長に申し出たところ、恵泉館への入所措置が決定された。

かねて乳児院で2歳以上になった加齢の重症心身障害児を受け入れていたため、この女児を含めて重症心身障害児の受入数は12名となり、40名の定員の30％になった。

相変わらず職員の配置数は10対1であったが、重症心身障害児はベッドから下ろして床で遊ばせたり、手足を持って軽い運動をさせたりすることや、食事・排泄の世

第二章　恵泉館編

話をするだけで、動かない分、かけた手数がストレートに療育効果として表れる。

　痛烈に動く重度児は、手数をかけても「賽の河原の石積み」の感があり、マイナスの活動を強いられることを思うとむしろ育て甲斐があるとさえ言える。

　当時の丹羽湛海所長が恵泉館の重症心身障害児に対する療育実績を認められ、入所措置をとって、この父子の危機を救済されたことは、高く評価されるところである。女児を抱き深々と頭を下げる若い父親の姿が脳裏に焼き付いている。

25. 上機嫌の明美さん

　暑い季節にオシメは気分が悪いだろうと入所早々にオシメを外し、パンツを履かせてもらった明美さんは、上機嫌でニコニコしている。

　昭和28、29年頃、乳児院で使っていたベッドは、小学年齢の児童が使うには不適当なため、使いやすい形の設計図を書いて、木工所に注文して作らせた物を使っていた。上枠の天端までの高さが60センチで、4歳以上の子なら自由に上がり降りできる構造にしてあった。

　ベッドの枠外に細い両足を投げ出して、ぶらぶら揺らせて拍子を取るように頭も動かして楽しんでいる。無眼球で目は見えないが、音に対する反応は良い。「明美さん、明美さん」と呼ばれると、声の方へ顔を向ける。テープ・レコーダで童謡をかけると、シンミリ聞いたり頭を動かして調子を合わせたりできる。そこで、日中はベッドを遊戯室に移して、皆の仲間入りをさせた。幼い友達に頭を撫でられたり、握手をされて、上機嫌だ。こうして3カ月目に入った頃、自分でベッドから枠の外へ出て枠で腹部を支え、ベッドに顔を乗せた格好で周りをゆっくり伝い歩きができるようになってしまった。残暑の季節に、樹齢20年を超える桜並木の緑陰の窓を開放された室内で、木製ベッドの周りをゆったりと移動を楽しんでいる明美さんは充実感に溢れているように見える。

オシメが外されたことで、両脚の自由が利くようになって、運動能力が促進されたものであろう。

　お友達との交流が、明美さんを励まし勇気づけていることも大きい。今後は、総合的な体力の増強と腕・脚の筋力が強くなれば、立って伝い歩きができるようになる、という夢が湧いてきた。

　面会に来たお父さんは、「家にいたときとは別人のように元気だ、ニコニコしていて安心した」と喜んでいた。

26. 足元に気配りを

　恵泉館の食事の様子は実に見事なものである。昼食の場合、十数名の職員は食堂の東南コーナーの四人用テーブル4脚で児童とは別席で食べる。

　児童40人は4人用テーブル12脚に1人～4人配置している。

　12時のチャイムが鳴る5分前に食堂前のホールで待機して、ここで職員から「おいしい御飯を静かに頂きましょう」との予告を聞いてから誘導に従って食堂に入る。経験豊かな女子指導員2人が介助にあたり、他の職員は児童と同時に「頂きます」と唱えて食事を始める。

　介助にあたる指導員は、テーブルの上や床にこぼれた飯粒等を踏みつけないように気をつけて拾う。

　食べ終った児童の膝や被服に付いた飯粒を取り除いてから席を立たせ、壁際に案内して待機させる。食べ終った食器や残菜を各テーブル毎に整理して、食卓の上をきれいに拭う。

　食べ始めてから概ね15分から20分で食べ終るので、介助者は逐次この作業を繰り返す。12時30分に「ごちそうさま」と唱えて食堂を出る。食卓の上も床上も食べ始める前と同様に清潔に整理されている。

　食べ物を口に運んで食べさせるような介助は、主体性を損なうばかりか発達を阻害するものであるから、介助

第二章　恵泉館編

の主務とはしていない。

　箸やスプーンが使えなくても、手掴みで食べても差し支えないように手指を清潔にさせている。

　なお、「食べ物をこぼしやすい児童」には、お盆を使わせている。

　介助者は、一同の食事が終ってから食べるようにしている。

　こうして食事が自立するように援助していると、テーブル・マナーは日本一と言えるようになった。ところが、新米の指導員が「障害児と職員が別々のテーブルで食事をすることは差別であって、福祉職員が取るべき態度ではない」と言う。

　「何をやるにもいろいろ意見があることは良い」。そこで申し出通り一週間、試行することにした。やってみなければ分からないことを拒否する理由がない。やってみて具合が悪ければ、中止すればよい。

　さて、新しいやり方について十分協議する時間を与えた上、翌週の月曜日の朝食から新体制を試行することになった。

　新体制の第一回目の朝食は、午前7時30分から8時迄の30分間が当てられている。

　8時に朝食が終って一同が食堂を出た後、当番の職員1名が後片付けと掃除を始めたが、11時になっても掃除が終わりそうにない。調理室の担当者から配膳を始める11

時30分迄に掃除を終るように急かされた当番者は、指導室へ行って他の職員を応援に連れてきて、やっと間にあった。

　第二回目の昼食の後も、3時のオヤツの時間の前迄には2人がかりでないと朝の調子では間に合いそうもない。また指導室へ応援を呼びに行って断られた。「療育担当者が2人も抜けては困る」と。内輪もめである。

　やむを得ず私が手を貸して掃除を完了させた。

　何故こんなことになるのか。昨日の夕食までは、食べ始めてから30分後には、食堂の床もテーブルの上も、配膳をする前の整然とした状態と変わらなかったのに。

　床を水洗いしなければならなくなった理由は、介助する多人数の職員が足元に気を配らず、こぼれた飯粒を踏みつけたからであった。

　水洗いすれば、モップで水を拭き取らなければならないため時間がかかった。新米指導員達の提案は、この2回の試行で打ち切ることになった。

第二章　恵泉館編

27. 付け添え不要の孝司君

　養護学校4年生、判定最重度で軽い麻痺が残っている孝司君は、5歳の妹さんが入院手術のためお母さんが病院で付き添うことになり、3週間緊急一時保護を恵泉館で引き受けることになった。

　お母さんと一緒に来た孝司君は、長椅子に並んで腰掛け、私と話すお母さんの膝に時々そっと手を伸ばす。その度に、お母さんは膝の上から孝司君の手を払い除けていた。

　額には10円玉位の「タコ」がある。教室で額を机に打ちつけるのを守るために、毎日お母さんが付き添って手を差し伸べていたと言う。

　目の前のおふたりの様子から、「甘えたい坊や」と「しゃんと自立させたい母心」との葛藤が垣間見える。

　「3週間で精神的な離乳ができて、付け添いなしで登校できるようにしましょう」とお伝えして、身柄を引き受けることにした。

　お母さんが帰った後、早速ベテラン内木指導員を呼んで療育上の留意点について打合せをした。

① 甘えたい孝司君の心を受け止めて上げること。

② それには、いつでも孝司君にエプロンの端っこを掴

ませて館内を移動すること。

③ 食事のとき、他のテーブルの児童を介助するため、移動するときも孝司君にエプロンの端を掴ませて連れて行くこと。

　こうした同伴行動が3日続いた後、4日目になったら、自分の席で腰掛けたまま、内木指導員の姿を目で追うだけになった。わずか4日目で内木指導員は、「孝司君が愛され、見守られている」という信頼を持ったことの確証を得たわけである。
　3週間後に迎えに来られたお母さんに、「心のつながりが大切なこと」を伝えた。
　緊急一時保護を終って自宅へ帰ってから、2週間目に学校の担任の先生から電話があった。「机に頭を打ち付けなくなりました。どのような方法で治されたか知りたい」と。
　この担任の先生には、恵泉館の内木指導員が館内を移動したり、他児童の食事の介助をする際にエプロンに掴まらせて同伴行動をしたことで、本人が「いつでも見守られている」という信頼感を持つことができて「机に額を打ち付ける」行為、所謂「注目症」から抜け出すことができたものであろうということをお伝えしたところである。

第二章　恵泉館編

28. 楽しく登下校できて

　小学3年生の内気な博一君は、毎朝通学団の仲間と楽しそうに登校するが、一時間程経つと自宅へ帰ってしまう。僅か100メートル程の通学距離のため、特殊学級で淋しくなると一人で帰宅するのだろうか。お母さんは、「折角登校したら終礼まで帰らないようにさせたい」ということで相談に来られた。

　知的障害は中度であることから、性格は内気でも学校で楽しく暮らせるようになりやすいこと。

　最初から「終礼まで帰らないように」という期待は無理だから、本人の気持が育つまで、しばらくの間は昼御飯を食べてから帰らせていただくように担任の先生とよく打ち合わせて下さい。

　このようにして一週間経ってから、担任の先生には、お昼御飯を食べてから送り出すときに、「明日はお昼過ぎに楽しいことがあるから、少しやっていきませんか」と予告して、誘って頂けるようにお願いして下さい。

　博一君について、このようなアドバイスをした上で、2週間後私が担任の先生に電話をしたところ、私がお母さんと打ち合わせたことについて、「担任の先生がソフトな対応をして頂いている」ことが分かって感激した。

　その後1カ月半程経ってから、博一君がお母さんと一緒に恵泉館に来られた。お礼を言われるまでもなく博一

君の輝く瞳と生き生きした態度から、「うまくいってるな」と分かった。これは、お母さんが「困った子だ」という考え方のスイッチを切り替えて、「博一君の身になって援助してあげよう」という親切な気持になられたことが成功したポイントですよ、と伝えた。

　往々にして、保護者サイドの心底に「被害者意識」がくすぶっていることがある。それを見事に乗り越えて成功された事例といえよう。

第三章　　親愛館編

1. 過食癖防止対応

　昭和27年3月生まれの直子さんは2歳のとき乳児院から恵泉館へ移り、5歳のときに小児喘息のために入院治療を受けることになり、同時に他の精神薄弱児施設へ変更になって以来、22年間病院を転々とした後親愛館に入所したときは、27歳で行動力が極めて活発な判定最重度の強度自閉症の女性であった。

　当時の指導員の記録によると、入所早々彼女は、先ず寮舎で他寮生に紹介されたとき、誰彼かまわず相手の両手首を掴んで「マンマ、マンマ」「マンマ、マンマ」と連呼した。あまりのしつこさに、これを食べ物の要求と受け止め、お茶を与え、お菓子を出したが、食べながら「マンマ、マンマ」の連呼は止めない。腹いっぱいのはずなのに、まだ続けていた。

　夕食後、食堂を出るとすぐ「マンマ、マンマ」が始まった。この連呼を聞えぬふりをしていると、生活指導室にある流し台をオモチャにして、棚に整理してあったコーヒー茶碗、湯飲み、フルーツ皿等を指導室一面に並べたり、戸棚へゴチャゴチャに入れたり、水を流して洗ってみたり、息はずませて10時過ぎまで大活躍をしていた。このまま朝までお付合いを覚悟して、平静を装ってみていると、だんだん動きが鈍くなり、10時半頃、「直子さん」と声をかけると、そばへよって来てごろりと横にな

第三章　　親愛館編

って寝入ってしまった。
　翌日から、このマンマ対策として、

① 食べ物の要求なら、欲しがるだけ与えればよい。

② 相手になって欲しいという要求だとしたら、個別的なケアーを心がけるように。

　いずれにしても、両者併用策を取ることになった。
　そして、1日3食とも普通の丼なら3杯分は入りそうな特大の丼を準備して、毎度好きなだけ、欲しがるだけ与えるという方法がとられた（過食が心配な場合は、嘔吐させる。オハギ事件で学習済）。
　最初は、自分の席に置かれた大盛りの飯を見て、キョトンとしていた。今まで禁止されたり、叱られたりしていたのであろうか。特大の丼飯を前にしばらく眺めた後、ニコニコと笑顔になると同時に、かぶりつくように食べ始めた。なんとも嬉しそうな顔であったが、半分以上も食べ残していた。
　2日後には、特大丼を押しのけて元の普通の丼を要求するようになって、満腹作戦は成功して「マンマ、マンマ」の連呼はなくなったが、今度は、お茶をひどく要求するようになったが、これも欲しがるだけ与えるようにしたら、当初一度に4リットル近く飲んでいたものが、

間もなく半減している。湯飲みはほぼ全員のものが割られ、奇声をあげ、トイレに入ると水遊びが激しく、トイレ一面を水浸しにした。

　こんな状態が続いても職員は勿論、寮生も一切無関心を装い、汚れれば綺麗にし、割れ物は黙って片付けるだけであった。

　しかし、このような全面受容はなかなかできそうもないことだが、南寮のスタッフ6名がよく力を合わせて努力したものである。

　親愛館では、このような問題のある入所者すべてに対して、「全面受容」による「信頼感の育成」をふれ合いの原則としている。黙って許されることにより、安心感を持つように、大らかにふれ合う。したがって、入所者全員が、「叱られる」「職員が怖い」というような不安から開放されている。

　直子さんが入所したとき、第一夜のふれ合いで彼女の信頼を得たことにより、二週間後には、「マンマ作戦」も「大量のお茶飲み」も「粗暴行為」も終結した。他の寮生も平静に受け止め、職員同様、「黙って許す」状態であった。

　直子さんは27歳のとき親愛館に来てから18年目を迎えるが、自閉症特有の行動パターンはあるがまま受容され、優雅に暮らしている。

第三章　　親愛館編

障害が　重く自立が　夢ならば
　　　自適の暮らし　共に支えて

自他ともに　祝福される　自適こそ
　　　自立かなわぬ　人の生き甲斐

2. 浴槽の湯を飲まなくなった

　直子さんには、前記のような問題行動があったが、それを一つずつ解消、軽減させる楽しみも大きかった。

　直子さんは、浴槽に顎がヒタヒタ浸かるまで深く沈み、職員の目を巧妙に避けて浴槽の湯を飲む。職員が気が付いても、タラフクお湯を飲んでいるので、後の祭り。

　衛生的には、本人にとって害はないかもしれない（雑菌に対する抵抗力が既にあるだろうから）。ただし、マナーとしては好ましくないので、この習慣を解消させなければならない。

　そこで、スタッフが意見を出し合って協議した。

① 　2、3人の職員が入浴を介助して押さえ込み、力づくて飲めなくする。

② 　入浴方法を変え、体はシャワーで、洗髪・洗面は別にさせる。

③ 　浴槽の湯を飲まなくても、満足できる方策としては、自己選択がある。

　入浴前、彼女の目の前で紅茶に砂糖を入れ、タッパーに詰めて入浴中持たせ、湯から出てから飲むように誘う。

第三章　　親愛館編

コップは脱衣棚に置き、「お風呂から出たら飲みましょう」と予告してタッパーを持たせて入浴させる。浴槽の湯を飲むか、後で紅茶を飲むかは、自己選択に任せる。

　主体性を持たせ、自己指南力を培うには③案が最適だという結論から、紅茶入りタッパーを持たせて入浴させることになった。

　初回は、タッパーを抱えてニコニコと浴室に向かう後姿が愛らしく、「この分だときっと成功する」という予感がした。

　コップを脱衣棚に置いて浴室へ入った直子さんは、ニコニコ顔で浴槽に入り、タッパーが沈まない程度に肩すれすれに身を沈め、湯を飲む気配もなく早々と出てきて脱衣室でタッパーの紅茶を飲み、この作戦は大成功だった。

　その1カ月後には紅茶入りのタッパーを脱衣室に置いて入浴できるようになり、3カ月後には、「お風呂から帰ってから紅茶を飲みましょう」と言う呼びかけだけで手ぶらで行けるようになって、浴槽の湯を飲む癖から脱却することができた。

　このように、我々は強制力を使わず、紅茶入りのタッパーを持たせるだけで、直子さんが自分自身でこの悪癖を乗り越えたのである。

3. 心の扉を開ける

　12歳の時から24歳になるまで児童施設に入所していて親愛館開設時に受け入れた光子さんは、自傷・他害・多動等の問題行動が多いため児童施設では個室に隔離されていたという。

　髪の毛は艶がなく乱れて3カ所で固まり、前髪が顔の半分を覆っていた。後頭部には、擦り切れた髪の間からコブが3カ所盛り上がっているのが見えていた。

　入所当初は、早朝から深夜までカン高い奇声をあげていたが、皆と同じ生活指導室で暮らし、寝室は一室2人で、光子さんを受け入れて仲良くできる人が同室者として選ばれた。

　うす暗い所や静かな場所を好み、トイレに座りこむか部屋の隅に座って顔面を床に伏せていた。

　周囲の物、人に対する無関心と自閉的な傾向が強く、気に障ることがあると寮生の頭に噛みついたり、テレビを台から落すことも度々であった。

　これに対する職員の対応は、

① 信頼関係を築くために、やさしく声をかけて不安や恐怖心を取り除くように努める。

② 心地良い生活のリズムを体験させる。

第三章　親愛館編

③　体力に見合う一定量の運動（5〜6キロの歩行）に連れて行って、夜間熟睡できるように援助する。

　以上の対応策を昼間特定の職員が担当して、毎日同じ時間帯に同じ関わりを繰り返すことから始めた。ほぼ毎日、午前9時から10時まで個別に職員が1対1で接することで、人との関わりが怖くないことを体験させた。
　こうしたふれ合いが続けられた3カ月後には、光子さんが職員の手を引いて外出を要求する動作が表れ、イライラ・興奮が静まり始め希望が持てるようになった。
　トイレ等での寝転びに対しては、「全面受容」ではかえって自閉的な傾向が増大する恐れがあるということで、執拗な呼びかけが受容的態度で行われた。
　にこやかに優しい態度ながら、何度も何度も光子さんがトイレから指導室に移るまで続けられた。こうしているうちに、光子さんのトイレでの寝転びはなくなり、椅子にチョコンと腰掛けている姿はいかにも可愛い姿に変身した。
　身繕いも、職員が充分気を配り介助して頭髪のブラッシングの後にピンクのリボンを結んだりしたら、前髪はスッキリ整い後頭部のコブは殆ど目立たなくなってきた。食事のときにはピンクのエプロンをつけ、皆に褒められると、嬉しそうに合掌してニコニコ会釈している。
　8月下旬の盆踊りに、家族の参加を呼びかけたら、

父・母・弟の3人が出席された。この家族は、真に残念ながら光子さんを許してはいなかった。両側の折たたみ椅子に両親が腰掛け、真中の椅子に光子さんを掛けさせ、その膝の上に2歳違いの弟さんが尻で光子さんを抑えつける形で腰を下ろしていた。

　見かねて開放するように話したが、「他の人に怪我をさせるといけないから」と言ってなかなか放そうとしない。その心配はないからと断固として要請し、開放させることができた。

　家庭で12歳まで育てられ、その後児童施設で12年経っているのに、在宅時代の恐怖が蘇えるのか実に憐れむべき家族である。

　親愛館に来てからもう18年にもなる。私が祈っていることは、「たとえ一泊でもよいから、家族が光子さんを喜んで家庭に迎え入れてくれる」ことができる日が一日でも早く実現することである。

第三章　　親愛館編

4. 年老いた両親の困惑

　80歳近い両親と暮らしていた夏子さんは、生活リズムの違いから、親愛館に入所して3カ月過ぎる頃までは、朝食抜きで11時近くまで起きてこなかったが、そっと見守っていたら、やがて自主的に早く起きれるようになって、7時30分の朝食に間に合うようになった。

　夏子さんの父は、大手建設会社の設計担当重役、母は親の会の役員で、相談員もしていた資産家である。

　ダウン症・中度知的障害の彼女は、両親の膝下を離れて、何故施設へ入所しなければならなくなったのか。

① 親心とは言うものの、両親の溺愛から干渉が多すぎたこと。

② 彼女なりに自負心が強く、衝突が頻発したこと。

③ 家に居づらくなった彼女は、度々家出を繰返すため、困惑した両親は精神病院へ入れなければならないとさえ考えるようになった。

　肉親でも、親の方が原因を作りながら、それを気付かないことがあったと思われる。

　親愛館で、陽気が良くなった頃、夏子さんの水仕事は

豪快になった。蛇口を目いっぱい開けて、あたり一面に水しぶきを飛ばして、床一面を濡らす。

　見かねた職員が注意をすると、「いらんこと言わんといて、私流でやるから、いいの」と怒る。この話を聞いて、夏子さんを呼んで、

「あなた流でやってよいが、床を綺麗にすることと、1回分の水道料を500円下さいね」と話した。このことがあってから2週間目と5週間目に、2回500円玉を握りしめてやってきて、「はい、500円。パァーッと水出しちゃった」と惜しそうに差し出した。「500円くれれば、どんどん出してよいよ」「もったいないから、いやだ」こんな対話があって以来、水出し事件は解消して久しい。

第三章　親愛館編

5. ポマードを洗い落として

　吉武君は昭和15年生まれ、39歳のときに入所した韓国籍の男性で、精神病院からの変更入所である。

　基本的な生活習慣は自立しているが、すべての行動に時間がかかりすぎる固執性の強い人である。

　精神安定剤を服用していたが、医師と相談して、3カ月後には服薬を中止することができた。

　ある日突然、頭髪にポマードをごってり塗りつけ、寝具を汚すようになって困った。男性指導員がソフトに話しかけても、「僕はこれが良い」と言うばかりで、指示に従う様子がない。

　そこで、若い女子職員の全員に、皆が昼食を食べに集まったとき、「吉武さんの頭は臭いから嫌い」「ベタベタしている頭はみっともない」「今までさっぱりした頭で好きだったのに変だ」と話しかけてもらうように依頼しておいた。

　おやつの時間になって、吉武君の頭がさっぱりしているのを見て、職員一同唖然とした。あれほど頑固に拒否していたポマード頭を、女子職員が声をかけだけで綺麗に洗い落とすとは、不思議としか言いようがない。

　男子職員の話には耳を貸さなかった吉武君が、若い女子指導員の呼びかけには、一発でコロリと参ったのは面白い。

「個別的な指示・批判」と受け止め、反発・固執したのと、「多人数による風評・評判」と受け止め、主体的に「洗髪を選んだもの」となれば、吉武君を動かすには、後者の方が有利といえる。
　本人が自分で考え、判断して行動できるように援助することが大切なこと（自己指南力の付与）を再確認できた事例である。

第三章　親愛館編

6.　生卵を机上に立てる話

「生卵を机上に立てた人がある」という記事を何かで読んだことがある。

立てた人がいるなら私もやってみようと、早速実験を試みた。

自宅で夕食後、冷蔵庫から1パック生卵を取り出し、居間の応接机の前に陣取って、振動を避けるため人払いして戦闘開始。

最初の1個を立てるのに45秒かかった。2個目は30秒、3個目は35秒。ここで不思議なことに気が付いた。3個の卵がそれぞれ勝手な姿勢で立っているではないか。皆、「真っ直ぐな姿勢で立つ」と思っていたのと違って、右や左へ傾いた姿勢である。

フウム、これは重心の関係で、見た目には傾いていても「1個1個それなりに安定した姿勢で立っている」と追認することにした。そうか、無理矢理に真っ直ぐに立てようとしても、卵それぞれに個性（重心）があって、思うようにはならないことが分かった。

個性を活かすべきだ、と分かってからは所用時間が短縮された。

4個目は15秒、5個目は10秒、6個目は8秒、7、8、9、10個目は数秒ずつで立てることができた。

大人が10個の生卵を立てるのに夢中になっている姿は

滑稽に見えるだろうが、私は真剣に取組み、多くのことを学ぶことができた。

　一晩このまま立てて置いたら、新築した家の振動の様子も判定できると考えて、卵の間に転がり防止枠を置いて翌朝までそっとして置くことにした。翌朝見たら、全部立っていた。

　目標に向かって集中力を発揮することは、何事においても重要であるから、非常勤講師をしている名古屋市内の女子短大の学生に体験するように説明して宿題として出したら、皆真面目な経過記録が提出された。

　「力を一点に集中させる」という体験と、対象の都合を充分考慮することの重要性が認識されたことは、「養護原理」という担当科目の学習の上でも大いに役立ったと思われる。

第三章　　親愛館編

7. 生き甲斐を尊重しよう

　英雄さんは昭和11年7月生まれで、56歳のとき入所した。コーヒーが好きな、温厚で几帳面な人である。

　在宅当時は、朝食後近くの喫茶店へ行くのが日課になっていたが、親愛館の近くには喫茶店がなかったため、10時と3時のティー・タイムには、英雄さんにコーヒー係を委嘱していた。

　1年半ほど過ぎた頃、男子10人、女子10人の仲間が英雄さんのコーヒー・サービスをとても楽しんでいた時期に事件が起きた。

　秋の天気の良い日、数名が午後、近くの公園へ出かけることになっていた。3時のオヤツの時間になって英雄さんがコーヒーを入れようとしたとき、寮生が数名いないことに気付いて怒りだした。

　コーヒーを入れることを止めて、部屋から150メートル程離れた位置にある機械科の第一作業室に駆け込んでスパナーを持ち出し、機械科の担当指導員の車（フォルクスワーゲンの新車ゴルフ）めがけてスパナーを二度投げつけ、後部左側面に2カ所穴を明けてしまった。

　翌日になって、「すまんことした」と詫びに来て、「わしに黙って連れて行くで、いかん！」と理由を説明してくれた。「分かった、これからはちゃんとあなたに言うから、カンベンね」と言うと、「ウン」と言って許して

くれた。

　前から予定していたことでも、公園へ連れて行くとき、英雄さんに「行ってきます」と挨拶をしてから出かけていたら、彼を憤慨させずにすんだものと反省させられたものである。

　毎日、英雄さんのコーヒーを、みんなが「おいしい、おいしい」と飲んでいた、その楽しい関わりをその日も予定していたのに、数名の友達（コーヒーの客）がいなくなって彼の生き甲斐が奪われたことは、真に残念であった。

　このような生き甲斐を尊重するよう厳重に留意したい。

第三章　　親愛館編

8.　お出かけを止めた孝司君

　一般に福祉施設では、入所している人が断りなく外部へ出かけることを指して、「無断外出、略して無外」と言っているが、私共では「自由行動」と受け止めている。標題の「お出かけ」は一般に使われる言葉で、意味が理解しやすいことからこれを使うことにした。

　孝司君が親愛館へ来てから数年たった夏のある朝、玄関ホールに飾ってあった陶器製のコリー犬の置物がなくなっていることに気が付いて、昼食が終った後、「玄関ホールの犬がいなくなっているけれど、誰か知らないかなぁ」「一生懸命探しているけれど」と一同に話しかけたところ、「知っとる」と孝司君が手を挙げた。

　「こっち、こっち」と案内してくれる後について行くと、構内を流れる幅1メートル程の溝の水中にすっぽり入っているのが見つかった。茶色の水垢がべっとりと付着しているところを見ると、3カ月以上経過しているように思われる。

　「有難う」とお礼を言って、「教えてくれた褒美に犬の縫いぐるみをあげましょう」と約束して、デパートで背丈50センチのものを買ってきて見せたところ、喜んで貰ってくれた。

　密かに隠したものを教えたからといって、褒美を与えることについて異議を唱える向きもあったが、隠した時

期は3カ月も前だから本人の記憶が薄れているから不問にして、「ありかを教えてくれた、良いことだけを褒める」ことが大切であると私は反論しておいた。

この1年後の11月中旬、孝司君が早朝居室を抜け出して1時間程度外部を徘徊して帰ることが3日続いた。そこで対応策を協議した。

① 窓のロックを特注しても2、3カ月もかかる。

② 中庭のコンクリート縦ルーバーの上に鉄条網を設置することは、効用を知らない孝司君にとっては危険であり、又福祉施設として好ましい対応ではない。

③ 赤外線感知器であるドアー・ドックを設置しても、ブザーの音で他の人が迷惑を受ける。

④ 以上のような物理的な対応よりも、本人が外部へ出かけなくても落ち着いていられるように、心の安定を図ることが最良の策である。

孝司君を含めて寮の仲間は10人だが、心が通い合い、仲良しで頼りになる人がいないと思われる。
　そこで思い出されたのが、陶器の置物の隠し場所を教えてくれたときにプレゼントした犬の縫いぐるみのこと

第三章　親愛館編

である。

　孝司君は物を集めて秘密の場所へ隠す習性のある人で、物に対する執着が強いことから、「何か縫いぐるみを与えれば、心が満たされ、安定するであろう」と考え、デパートで一回り大きい「ミッキー・マウスの縫いぐるみ」を購入した。

　「このミッキーさんは好きかね」と聞くと、「ウン」と答えた。「仲良くしようね」と言って渡すと、にこにこ顔で喜んでいた。

　その夕方、テレビを見るとき、膝の上で抱き抱え、寝るときは、枕元に置いていたということである。これで満足できたのか、翌朝から外へ出かけることはなくなり、今ではもう5年になる。

　このミッキー・マウスをプレゼントしてから6カ月程経った頃、表情が冴えず何か欲求不満があるように観察されたので、今度は、胸元に下げていつでも手で触れて楽しめるような小形の毛皮細工の「北狐」をプレゼントした。本物の毛皮細工の手触りは心地良い。左胸のポケット辺りに下げて、時折撫でて感触を楽しんでいる。

　プレゼントによる彼の心の安定期間は3カ月程度であることが観察されたので、その後は手触りの良い毛皮細工のコリー犬・ペルシャ猫等を3カ月毎にプレゼントしている。

　最近、「ふれあい旅行」に行った折に、小さなプラス

チック製の音と光が出るピストルを自分で買ってきて、朝食と昼食の前と後に必ず私に握手を求め、このオモチャのピストルを操作して音と光を確認し、得意気に笑顔で納得している。

　動かない「縫いぐるみ」から音と光りの出る玩具に興味が移ったことは、趣味・関心の多様化の現われと見られる。

　対人的に無関心だった人がオモチャを操作して楽しむことができるようになったことは、大きな進歩であることを祝福したい。

第三章　親愛館編

9. ゆとりが潤いを生む

　敷地や建物・地理的環境等のハード面と、運営・療育的関わり等の人間関係におけるソフト面との両者間に「ゆとり」があれば、自然にそこから潤いが生れる。

　親愛館と一進舎の敷地は、名古屋市が所有している18,000平方メートル（約5,454坪）を無償で借りたもので、2,500平方メートルの芝生広場を挟んで2つの施設がある。運動場が3,000平方メートル、緑地が2,000平方メートルで広々とし、残余の10,500平方メートルは構内道路（幅8メートル）で中庭・建物の敷地となっている。

　建築工事に着手する4年前から、国の補助基準面積は一応念頭から除外して、真に福祉の図りやすい施設の設備規模はいかにあるべきかを検討したところ、定員40人で2,013平方メートルの設備を必要とすることになった（昭和53年当時基準面積は、1人当り23.3平方メートル×40人＝932平方メートル）。

　設計思想の根幹は、

① 　動線を長くし、なるべく多くの運動量を確保して、日常起居の間にリハビリを自然に行う。

② 　管理棟には、事務室・相談室・大会議室・小会議室・医務室・静養室・倉庫・調理室・食品庫・食

堂・調理人トイレ・一般トイレ・ゲストルーム・浴室・脱衣室・洗濯室・ボイラー室・機械室を置く。

③　寮舎は南棟男女各10人、北棟男女各10人で、両棟を結ぶ中央廊下は40メートルの距離を保ち、真中に管理棟に通じる地下道に上下できるエレベーターを設置する。

④　南北各棟の設備内容は、1室12平方メートルで2人室、男女各5室とトイレ・リネン室・指導員室・生活指導室（流し・ガス調理台・給水付き）を設ける。
居室は1室2人で均一とする。

⑤　南北棟の東西両端部には、1,800×600×50ミリのコンクリート塀を縦に隙間を開けて並べ、通風換気を良くし、中央部に門扉を設置してある。

　入所者が生活指導室から、食堂や浴室へ移動すると片道150メートルで、1日4往復すると1.2キロになり、適度の運動量が確保できる。
　ソフト面では、「5分前、予告行動開始」と「2分程度の時差行動」を励行して、廊下や地下道やエレベーターでの混雑を予防している。
　小学校から高校まで、誰もが体験している「サイレン

第三章　　親愛館編

やチャイム」に追われるあわただしい暮しから開放されて、優雅なマイペースの生活のリズムに恵まれて生活できる根拠が「このゆとり」にある。

　5分前予告は、発語もなく数的観念も劣る重度・最重度者が時計の針の形を見ただけで正しい準備行動が取れるようになったことは、「朝礼」「御飯」「風呂」と言葉で言えなくても、次に行うべき行動に関する概念を把握しているものと推定される。

　このことが、口頭やチャイム等の「指示」や「合図」でコントロールするのではなくて、時計を指差して「あっ、時間だね」と確認する程度で入所者の主体性を助長していることになり、真に嬉しい限りだ。

　朝の挨拶にしても、丁寧に「おはようございます」と声をかけると、寮生の方からも丁寧な言葉が返される。「ございます」が言えなくて「ざーす」と聞えても、丁寧な言葉を使おうとする意志は通じる。

　「おはよう」と男子職員がぶっきらぼうな挨拶をすると、「オッス」とか、ぶっきらぼうに語尾を上げて「オハヨウ」と返されるから注意が肝要で、良いお手本を示すことが求められる。

　このようにして「ハード」と「ソフト」両面にわたり醸成された「ゆとり」が、期せずしてそこで生活している人達の人間関係に豊かな潤いをもたらすことになるという貴重な体験を得たところである。

10. 体重減量作戦

　靖君、25歳は重度知的障害で、体重は122キロあった。太り過ぎで、大便の後始末のとき手が届かないこと、過体重のため足首の捻挫を起こしやすいことから、体重を80キロから90キロ以下を目指して減量作戦を展開することになった。

　足首に負担のかからない程度の早さで、当初1～2キロを職員が同行して歩くことから始めた。

　初めの1、2週間は疲労を訴えることがあったが、3週目頃からは足の運び方も慣れて上手になった。慣れるにしたがって、歩行距離を10キロを目指して少しずつ延ばしていった。

　家庭にいるときは祖母と2人暮しのため、彼の言いなりに、例えばパンを通箱ごと買い求め、食べたいだけ自由に食べていたという。

　親愛館では、食事制限の必要はなく普通に皆と同じ量を食べさせた。余分な脂肪を削ぐための適量の運動だけで、減量を目指すことにした。

　1カ月後の計量では2キロ減で、歩行に慣れてきた4カ月後は4キロ減、5カ月後は4.5キロ減、6カ月後は4.5キロ減、7カ月後は5キロ減、8カ月後は5キロ減、9カ月後は4.5キロ減で、減量合計は36.5キロで、体重85.5キロとなり、目標を達成することができた。

第三章　　親愛館編

　減量を実施中、動きが軽くなるにつれて靖君の表情は晴れ晴れとして多弁になり、同僚に対してアレコレ差し手がましいことを言いトラブルを引き起こすことが多くなったこと以外健康面では異常がなかったので、機械科に所属させて、終日立った姿勢で単能盤の操作をさせることにした。

　知的障害は判定重度であるが、機械の操作について説明したことは良く理解できたため、支障なく作業に打ち込むことができて毎日楽しく作業に従事していた。

　減量が成功して行動が活発になり、気分も安定したことは喜ばしい。

11. 「こだわり行動」から脱却

　一義君は、現在37歳の最重度の自閉症だった人である。入所してから18年になるが、初めの頃の4年間で「こだわり行動」が薄れ始め、数年後には人間関係も普通と変わらないようになって、ここ数年来、対人関係が積極的になり、彼の方から単語で話しかけてくるようになっている。

　「クルマ、オカアサン」「車でお母さんが、クリスマスに来るネ」「ハイ」「オンセン、バス」「山中オンセンのグランド・ホテルへバスに乗って、皆で行こう」「ハイ、バス」と語彙は少ないが対話ができる。

　初めの頃、担当職員の間で意見が出されたことがある。「男性のS指導員がいるときはおとなしいが、いないときは大声を出したり、乱暴するから、S指導員にも他の職員同様にソフトなふれ合いをしてもらいたい。そうすれば一義君の生活リズムも整う」と。このような場合、意見を言う方は気楽に言うが、言われた方は同僚数名から吊るし上げにあっている状態になる。

　この場を繕わなければならない。そこで「皆がソフトで、一人だけ強圧的では、療育態勢の整合性に欠けるから同一の態勢がよい」「試しに、しばらくソフト態勢でやってみて、悪かったら変えることにしよう」と提案して、早速ソフト・タッチ方式で全員が取り組むことにな

第三章　　親愛館編

った。

　1日、2日、3日経っても具合が良い。一週間が1カ月になり、その後も続けてこの態勢は現在まで続いている。

　所謂、インシデント・プロセス法による療育技法の検討会である。

　新聞紙・チラシ・週刊誌等に格別な関心を示し、執拗に担当者の手を引いて物置へ行き、取り出すようにせがんでいた頃から、彼の信頼を獲得するためにソフトに対応し、持たせる量や遊ぶ時間を少しずつ少なくして、2年後に古新聞いじりを卒業した頃から対人関係が飛躍的に改善され、「こだわり行動」を脱却することができている。

　　　健やかな　育ちを祈る　寛容の
　　　　　心巧まず　信頼を呼ぶ

12. 歩けるようになった

　庄司君は現在41歳、最重度の知的障害がある。一昨年の秋頃、ある日突然立つことも歩くこともできなくなった。医師の診断では、脊椎・足・腰にも異常はないということだが、昨日まで歩いていたのに不思議だ。考えられることは、全身の体力が衰えているか、著しい意欲の減退かもしれない。

　朝、着替えた姿で指導室の床にエビのように横向きに寝ている。肩から背中・腰・足を順に軽く撫でると、時々ニヤッとする。関わってもらうことで機嫌は悪くないようだ。

　上体を支えて起こしてみると、横になりたい素振りを見せる。

　この分だと、関わりを深くして意欲を啓発することが良いと思われる。そこで、歩行補助機の納入を急がせることにした。

　注文後3日目に届いた歩行補助機に「10分乗せて20分休ませる」ことを面倒でも1日中繰り返すように指示しておいた。

　上げ下ろしの度に「職員とふれ合う」スキンシップが彼を勇気づけ意欲を啓発することができれば、歩行補助機の扱いに慣れるのも早くなると予想された。

　使い始めて5日目に見たときは、目を見張った。指導

第三章　　親愛館編

室の隅にいる順子さんの方へ補助機を寄せていくと、順子さんが補助機を部屋の中央あたりへ押し返す。2度、3度同じことを繰り返して、2人ともニコニコして遊んでいる。この分だと1カ月後には、一人で歩けるようになるかもしれないと希望が湧いた。

　案の定、1カ月半後には昼食に出かけるときだけ単独歩行をさせ、昼の帰りと朝・夕は車椅子を使うことにして、徐々に単独歩行を増やすことにした。

　3カ月後にはすべて独りで歩けるようになってしまって、敬三君と手を取り合って食事や入浴の度に150メートルの廊下を往復している。

13. 有目的行動への誘導

　光男君は昭和7年生まれで現在64歳であるが、17年前入所した頃、早朝30分位、施設外へ出て自動販売機の釣銭を探して歩いていたことがある。

　在宅時には、兄夫婦の家庭で、日中食事以外の時間は近所を徘徊していたという経歴から、施設の構内に閉じこもっていることは不得意であるから、大めに見ることにしていたものである。

　施設生活に馴染むにしたがって「目的を持った行動」に移行させることを考えて、3カ月経過後、毎朝ゴミを寮舎から200メートルの位置にある構内のゴミ捨て場まで運ばせることにした。

　毎朝彼は7時に出かけて7時5分頃帰れるところを、ゴミを運んだついでに公道を150メートル位自動販売機のある方へ歩いたところで私の車を見つけると、くるりと方向を変えて親愛館の取付け道路へ急いだ。「ゴミを捨てる」という任務は理解しており、余分に自販機を探りに行くことが良くないことも分かっているらしい。

　そんな時には、朝食後「さっき、道で会ったね」と声をかけると、首をすくめてニヤッと笑う。分かっちゃいるけど止められない。

　彼の心情がやがて落ち着くのを待つことにして、朝出会った後で何も話しかけないようにした。

第三章　親愛館編

 こうして、2カ月ほど経った頃には、路上で彼を見かけることがなくなってしまった。
 光男君は最重度で、発語はないが日常の会話は理解できることと、用事があれば指を差して合図して知らせる特技がある。
 言葉が話せなくても、彼が他の人に対して思いやりの心を持っていて、状況判断ができるものと思われる。知能判定では汲み取りにくい人間性が隠れていることは素晴らしいことである。

14. 走れるようになった

照子さんは、昭和11年生まれの重度知的障害で、59歳のとき入所した。

お母さんが入院のため、緊急一時保護の依頼があったとき、本人の意向を聞くために来館してもらい、館内を案内した上で「あなたがここへ来たかったら、いいよとコックリすれば良いし、嫌だったら、首を横に回す」ように説明したところ、兄と姉が「この人しゃべれんから、そんなことを聞いても返事ができんで困る」と言う。

「照子さん、私の話しは分かったね」と聞いたら、「コックリ」頷いた。

話せなくても、人の話は聞いて分かるから大丈夫と伝えた。

その10日後、本人が、「親愛館へ行きたい」と言っていると電話があったので来てもらい、事情を聞いたところ、既にお母さんは他界されお葬式も済ませたこと、兄、姉達が朝・昼・夕の食事を分担して照子さんの家まで運んでいたこと、ひとりっきりでいつまでも暮らさせることは不安だから、本人の意向を確かめたら、親愛館へ行くことに同意したと言う。

私が尋ねると、ニコニコ笑顔で大きく頷いた。こうして自分の意志で入所を決めた場合は、その後の経過が大変に宜しい。

第三章　　親愛館編

　入所当初は、数メートル歩いただけで疲れてべったりと座りこんでいたのが、3カ月後には、腰を90度近く曲げた前屈みの姿勢ながら小走りに廊下を移動できるようになった。
　その後、4月の桜まつりの際、踊りの円陣の真中に位置して移動せずに一カ所でグルグル回る「省エネ踊り」を披露していた。室内で稽古するときも、要領良く真中を定位置として楽しんでいる。
　食後の歯磨きを奨められたとき、「歯があれせんのにどうやって磨くの？」と、お話が不得意なのに結構面白いことが言えるひょうきん姉さんである。

15. チリ紙とさよなら

　敬三君は、昭和34年生まれで、ダウン症重度知的障害のため20歳の時入所した。

　今では37歳になる。最初の頃、機械科工作室へ出入りする際、彼は2束のチリ紙を風呂敷に包んで大事に持ち歩いていた。朝出勤するとき、昼食に帰るとき、昼食後出勤するとき、終業後帰るとき、いつでも目立つピンク色の風呂敷包を抱えていた。これは、彼独自の精神安定剤代わりの役目を果していたと思われる。

　機械科では単能盤を操作して、自動車部品の球面に油溝を切削する工程を担当させていた。判定重度の人でも、運動機能が正常ならば、機械操作を任せることが可能である。

　中度の人1名の他、5人が重度の知的障害者であったが、皆そろって仕事を楽しむことができていた。勿論、導入時は各人に割り当てた6台の機械を30分ずつ私が操作して見学させておき、第一日目は、各人見学した後、午前中に5分、午後は30分見学の後5分実習させた。2日目以降は、5分間ずつ多くして、2週間後には継続して1時間平穏に作業ができるようになった。

　こうして、3カ月後に1日6時間就業可能になった頃には、機械以外の生活面でも良い変化が見られるようになった。大きな単能盤を操作することによって、今まで経

第三章　親愛館編

験したことのない優越感を味わったことで、自信を持つようになったものと思われる。

　強圧的な態度は取らず、「男がピンク色の風呂敷を持ち歩いてはおかしいな」位のアドバイスだけで、自己決定を促して成功したものである。

16. 男性が大好きな女王様

　伸子さんは昭和17年生まれで、37歳のとき精神病院から変更入所した中度の女性である。

　在宅時には、家業の学生寮に入居している公立大学の男子学生に伸子さんがアタックし、困った学生が次々退寮して経営が成り立たないため、止むを得ず精神病院に入院措置が取られたという。

　親愛館でも、職員はじめ外来の男性を直ぐ好きになり、初めは笑顔で話しかけるが、対応が気に入らないと怒って罵詈雑言を浴びせかけて、しつこく強烈にアタックする、正に女王様である。

　職員には、対応策としては、目線を合わせないように気を付けて、伸子さんの側からさりげなく離れるように奨めた。

　年配の指導員が、「このような迷惑行為を矯正しよう」として真面目にアタックしたが、「彼女の強烈な個性」には歯が立たず、いつでも敗退して、タメ息をつくばかりであった。

　矯正しようと身構えると、彼女に見抜かれて、かえって大きな反撃を食うということになるから、さりげなく「褒め殺し作戦が良い」と奨めたところ、成功した。

　障害や問題行動については、それを個性と認め、受容した上でふれ合えば、人間関係は円滑になり、更に長所

を褒めることができれば、彼女の関心を良い方向へ誘導することが可能となる。

　食器洗いや洗濯もの畳み、掃除機かけ等、施設内の仕事は丁寧に、しかも手際良く処理できる優等生である。

　行事のとき、舞台に上がり、どんな歌にでも合わせて即興の振り付けをして踊る姿は真剣そのものである。陽気で物怖じしない、性格の優れた面に目を移せば、親愛館の仲間としても、なくてはならぬ存在であると言えよう。

　　　障害を　個性と認め　賞揚(しょうよう)の
　　　　こころ確かな　幸せを呼ぶ
　　　　　　　　　　　　賞揚(しょうよう)＝ほめあげる

17. 三重苦を超えて

　信江さんは、昭和15年生まれで現在56歳になる重複障害の最重度で、39歳の時入所した。

　発語はなく、視力・聴力ともに不能であるが、現在は毎日親愛館の生活リズムに乗って楽しく暮らしている。

　フック・ボルトの組付け作業が得意で、ワッシャーを数個も口にくわえ、唇の感触で表裏を感じ取り、左手でボルトを握り、右手で組付け用のフェルトを手さぐりで取り寄せボルトに差し込むと、先程口にくわえたワッシャーを表裏間違うことなく差し込み、右手でナットを締め付けて完成させ、手さぐりで完成品を入れる箱に納めると、直ぐ次のボルトの組付けにかかる。実に見事な手さばきで飽きずに2時間も継続できる。

　目が不自由なため、室内の移動は殆ど仲間が手を貸しているが、自分ひとりで移動するときは、ゆっくりと手さぐりで壁に沿ってトイレに行ったり、居場所を変えたりしている。三度の食事と入浴の度に、同僚に手を引かれて、片道150メートルの距離を一日に四往復で1.2キロ歩行して最低の運動量を確保しているため、健康状態は良好である。

　入所当初の頃は、運動不足で足がフラつくため座位が多く、身体の各部位をオモチャ代わりに引っ掻いて自傷の跡が絶えなかった。

ところが、親愛館では毎日1.2キロ歩かざるを得ない生活環境のために、元気が出てくるにしたがって5カ月後には、軽作業の「傘釘組付け」を手始めに、彼女なりに誰も真似できないようなプロ顔負けの作業手順やスタイルを開発し、自傷が全くなくなった。

情緒が安定しており、軽作業に打ち込んでいる姿は「聖者の行」を見ているような真摯な雰囲気を感じる。ここ数年来、屋外の条件の良い時を選んでゆっくり構内で歩行をさせ、健康状態を更に充実させるように努めているところである。

18. 暖かい心の「きずな」

　一般に、知的障害者の行事等の写真を見て、悲しくなることがある。

　友達同士は薬指と小指をそっと握って楽しそうに歩いている傍で、職員かボランティアらしい人が障害者の手首をしっかりと掴んで歩いている写真。「危害防止」のためという心遣いかもしれないが、「心配」がありありと見えている。障害者を信頼できない姿勢がはっきりと現われている。

　私が提唱したいのは、障害者を信頼して小指に縋らせて行動の自由を保障した上で、主体性を尊重する姿勢である。

① 掴まれていては行動の自由が束縛される。

② 小指に縋がっている手を離すかどうかは、自分で決められる。

　知的障害者と関わる側が①のような姿勢では、人間的な暖かい心の絆が結ばれ難い。

　T君は、46歳になる重度の人で、入所以来18年になるが、お母さんとの人間関係が円滑に調整できていない。主従転倒で苦しい。

第三章　　親愛館編

　S君は、35歳になる重度の人で、児施設からの入所で24年家庭を離れているが、T君同様、お母さんに対しては我儘三昧をやる。
　T君、S君、共に幼少期からお母さんとの人間関係が適正に調整されないまま現在に至っているものである。しかし、この二人は、親愛館職員の暖かいソフトなふれ合いの中では、普通の円滑な人間関係が保持できているところである。
　両者の人間関係が暖かいきずなで結ばれているか否かによって、生活上の位置関係がどうなるかが証明されている。
　この二人のお母さんが、諦めたり、投げやりにならずに、平静な心情で「暖かい心の絆」を結ぶことができる日が一日でも早く来ることを切に祈りたい。
　「甘やかせば図に乗り、叱ればむくれる」と世間一般では言われているが、誠心誠意、暖かく接すれば報われると確信している。

19. 環境による行動特徴

　T君は幼少時、港区の水上生活者の家庭に生まれ、船から転落して二度も命拾いしたという。

　ハシケ（ダルマ船）は推進機のない貨物船で、船頭さん達は大声で叫び、連絡し合う。そんな環境で29歳まで育ったT君は、親愛館に来てからも大声で乱暴な話し方をした。「コラッ、イカンゾー」「コラッ、ハヤクセンカー」と。

　ハンサムで背丈が高く、チョット肩を左右に揺すって歩く姿は粋な兄チャン風で、小生意気に見える。ところが、T君は実は小心者で、気が小さいのが実像である。

　育った環境が相手の注意を引くために言い初めに「コラッ」をつける習慣がついたものであろう。「大声」は、水上生活者にとっては、連絡・対話を円滑にするための普通の「会話」にすぎない。

　しかし、水上でない町中では、T君が「普通の音量でさわやかな会話がやがてできるように援助しよう」ということになった。

　それには、なるべく女子指導員が中心になって優しく話かけ、男子指導員は控えめに丁寧な言葉遣いを心がけることにしたところ、4カ月後には効果が現われ始めたが、その後1カ月も経過すると元に戻ってしまった。以来、5、6カ月の周期が7、8カ月の周期に少しずつ間延び

しながら、声が大きくなったり、穏やかになったりを繰り返している。

　在宅時代の二十数年間の言葉遣いが改善されるには、やはりそれ以上の期間が必要であろう。

　T君の親愛館での生活は18年が経過しているので、今後10年は育つことを気長に待つことにしている。

20. マッサージの効果

　お盆帰省の5泊6日を終って帰館した修次君（48歳）が階段を上がろうとしたが、爪先がひっかかって上れない。後から介助する人がいちいち爪先を持ち上げて上の段に案内して、やっと上ることができた。たった6日間自宅で過ごしただけなのに、運動不足から廃用退化（使わないと駄目になること）したものに違いない。

　昔、私が中学時代、朝日新聞の中等駅伝の選手として毎日練習していた頃、15キロ程度走り終った後、脚部にサロメチールを塗り、下級生にマッサージをしてもらって帰宅すると、疲れがすっかり取れて翌日また元気に走ることができていたことを思い出し、修次君にやってみることにした。

　毎日、起床後、午前10時頃、午後2時頃、夕食後の1日4回、15分ずつマッサージをするようにした。

　30歳違いの按摩師だった夫に先立たれた女性が幸い親愛館に入所しているので、彼女にマッサージを依頼した。

　マッサージを始めて4日目の朝食後、朝礼に出るため、彼は一人で手摺りに捕まりながら階段を上がって行き、得意そうな笑顔で階段を振り返って指差していた。歩行補助機を使っているが、1.2キロの館内歩行も大いに役立っていることは嬉しい。

第三章　親愛館編

21. 自己指南力の涵養

　私には、長男の所に孫が3人いる。当時、小学3年（男子）、1年（女子）、4歳（男子）であった。

　3年前のこと、一番上の孫が1、2年生の頃は聞えなかったが、3年生になってから、すぐ南向かいの長男の家から朝になると、「早くしないと遅れるよ」とか孫達のお母さんの声が聞えるようになった。3年生になったからちゃんと自分でやりなさい、つまり、自立を促すかけ声のつもりかもしれないが、その声が段々大きくなっていくのを聞いて、私は少し力を貸すことにした。

　孫が「自分で自分をコントロール」できるように援助すれば、うまくいくはず。そこで、時計屋さんへ出向いて「キッチン・タイマー」を買ってきて、「朝起きたらタイマーの目盛を5分の所に合わせてから着替える」「君の方が5分以下だったら、勝ちで〇印、負けたら×印をノートに書くように」と説明しておいた。翌朝どうなるかと楽しみにしていたら、お母さんの声はほそりとも聞えず、うまく行きそうな気がした。その後、3、4日経っても、1、2週間過ぎても、孫に注意する声を聞くことができなくなって、今日に及んでいる。

　なお、面白いのは、キッチン・タイマーの利用が兄から妹へ、更に弟へと受け継がれたことである。

22. 対応策は寸刻を争う

「福祉の現場では、どんなことが起きても、困惑したり、逃げたりしてはいけない」というのが私の信条である。

「気持ちは分かるけど、そんなことはできっこない」と批判する人には、福祉の楽しさを味わうことができないと私には思える。

脳性小児麻痺後遺症の健三君（昭和26年5月生）は、左手足が不自由で、判定は最重度の人である。梅雨の頃、彼は朝方窓から布団や枕を戸外に投げ出し、ズブ濡れにしてしまった。不自由な身体ながら、クレセント錠のロックを外して物を外に投げるとは、予想もつかなかったことである。

① 特殊なロックを発注しても、2、3カ月かかる。

② 縛って寝かせるような非常識なことはできない。

③ 今晩もやられたら、寝具の補充に困る。

というわけで、何としてでも即刻善処しなければならない。そこで対応策をあれこれ考え始めたとき、ふと、私が子供の頃の寺での暮らしを思い出した。

第三章　親愛館編

　毎日朝夕、本堂や庫裏の戸締まりをしたり開けたりしていたことを思い出したのである。

　1メートル程の竹の「しんばり棒」の効用である。アルミ・サッシに「竹の棒」は不似合いだから、適当な材料はないかと検討した結果、金物屋でアルミ材のL型棒を買うことにした。アルミ材なら色が同じでサッシの本体と見分けがつきにくいので、しんばり棒の材料としては合格である。

　机上にこのL棒を伏せて置いて、指先で摘まんでみたら、三角（90度の頂点部分）になっているので摘み上げることができない。これなら大丈夫、使えることがはっきりした。

　そこで、このL型棒を外側の溝に戸幅より3ミリ短く切って伏せて入れる。次には内側の溝に、同様に切って伏せた。L棒の角部が上面になるので、掴もうとしても指がサッシの枠に阻まれて掴めない。

　職員が外すときには、車のキーなどを端に差し込んで持ち上げれば簡単に外すことができる。

　「健三君の寝具投げ出しを防止する対策」は直ちに実行できて以来、ずっと重宝している。

　一進舎でも、窓から戸外に飛び出すことの好きな人への対応策として活用し、喜ばれている。

23. 機能回復（促進）とスキンシップ

　マッサージが機能回復や促進に役立つことは前に述べたが、しばらくこのマッサージを続けているうちに、男女各10人ずつが住んでいる南北両棟で「マッサージ」が大流行している。

　歩行補助機を使っている北棟の庄司君に、歩行機能を促進させるためにマッサージを始めたら、気持ち良さそうにマッサージをしてもらっている。その様子を見ていた人達が、友達同士でマッサージを始めた。

　また、南棟では、修次君がマッサージをしてもらっているのを見た人達が、仲間同士でマッサージを始めたので、北棟も南棟もマッサージが盛んになってしまったものである。お互いに脚や肩を揉んだり、さすったりして心地よさそうにしている。

　つまり、マッサージが「肌のふれ合いによる親密な交流を促進」して寮生の楽しい関わり合いを一層深めているという予期しなかった「おまけ」がついたものである。

第四章　　一進舎編

1. 自分で判断したい

　一男君は28歳で、機械科の通所授産生である。作業能力はトップでいつも張り切って仕事に取り組んでいる。

　ある朝、お母さんが8時前に事務所へ駆けつけてきて、昨夜のご飯のとき、「細川君の奴を半殺しにしたる」と大変な剣幕で怒っていたから、そんなことをされては困るから喧嘩を止めてもらうようにお願いに来ましたと言う。

　そのことについて懇談した後、お母さんには帰ってもらって早速朝礼が終わる頃、私が出向いて、「一男君のお母さんがさっき何で来たか知ってるかね」「うん、分かっとる」「細川君を半殺しにしたければ、一男君は一進舎をやめてからにしないと困るよ、友達同士は仲良くするものだからね。一男君は男だから、本当に勇気があるなら細川君を許してあげるといいんだがなぁ」「一進舎を止めて半殺しにするか、それとも勇気を出して許したるか明日の朝までに考えて来るように」と伝えた。

　翌朝、朝礼の前に事務所へ来て、「許したることにしました」とニコニコ顔で言った。

　「よし、偉い」と答えて朝礼に一緒に出向いた。

　「一男君が細川君を許してやるそうだ。勇気があって偉い。みんなで拍手を送ろう」

　12人一同がパチパチ拍手して祝福した。

第四章　　一進舎編

　「よし、これで仲直りできたから、今度は2人が握手しよう」と提案したら、2人とも少し照れながら握手をして終結した。
　この2カ月後に、一進舎の療育推進協議会に出席されたお母さんから、一男君が「お父さんは、ああやれ、こうやれと、決めつけるでいかん」「僕だって考えるで、館長さんに聞いて来い」と言っている話しを聞いた。
　どんなに障害が重い人でも「その人の自己決定権」を奪うことは避けなければならない。先生・指導員・家族の誰でもが重々留意したいところである。

2. 人付き合いが良くなって

　政雄君は32歳で、通所療育グループに属している。お母さんが一進舎の事務職員であることから、通所は自家用車に同乗して来る。移動が不得意で、職員もついついお母さんの手を借りることが多くなっていた。

　ところが、一昨年の4月から配置換えでお母さんが親愛館所属になり、政雄君と分離されてもっぱら一進舎の職員が関わりを持つことになった。

　そこで、一昨年の秋に、職員との関わりを更に緊密にして、自閉の壁を乗り越える基礎を築くためと、やがては自立行動を触発させるように考えた。

　終業5分前にお母さんが駐車場から親愛館の玄関前に車を移動させ、ロックを開けておき、男子職員2人で政雄君を一進舎の玄関から車まで50メートルの距離を送り届けることにした。

　当初の1カ月は2人で車まで送ってドアを開けて乗車させていたが、2カ月目からは車まで30メートルのコーナーあたりで職員が見送っていることにした。ところが、この時期では、車の5メートル近くまで行って見送りを振り返り、手招きをするようになった。

　「車までキチント送って欲しい」というサインであろうか、職員は上手く車まで誘い寄せられた。

　この時期に、政雄君と職員のふれ合いが飛躍的に緊密

第四章　　一進舎編

化したと思われる。満1年経過した昨年の11月頃、新しい課題として「一進舎の玄関内でさようならの挨拶をして送り出す」ことにした。
　「5時5分前になったら政雄君一人で車の所へ行って下さい」と予告をし、送り出すときは玄関の中にいて「バイバイ」するように打ち合わせた。
　1月からやって成功したことは真に喜ばしい。

3. 良い行動習慣を育てましょう

　美枝さんが自分の小物を自分で持って運び、管理できるようにするためには、どのように援助したらよいか考えてみましょう。

　良い行動習慣をつけるためには、笑顔で根気強く何度も何度も良い行動が習慣化できるまで繰り返すことが重要です。

　「自分で小物を持ち運ばせる」という目標を立てたら、「持たせて運ばせる」ように援助を繰り返すことが大事です。

　車からお母さんが先に降りて、外から車のドアを開けて美枝さんを誘って降りるようにさせて下さい。

　お母さんに小物を持ってもらおうという素振りを見せたとき、絶対にその手に乗らないこと。

　小物を持たせ、一進舎の玄関まで手をつなぎ並んで歩いて下さい。小物を放り出したら、拾って持たせる。又放り出したら、拾って持たせる。おそらく5回以内で終息するでしょうが、たとえ10回になっても20回になっても根負けしたり腹を立てないようにご用心下さい。

　時間にして僅か2、3分の我慢です。根負けしないようにお付き合いすれば、何をお母さんが望んでいるか美枝さんに伝わります。

　さて、今までは登所されたとき、お母さんは車の中か

第四章　　一進舎編

ら手を伸ばして助手席のドアを開け、美枝さんを降ろして見送る。美枝さんは車から5メートル程離れた所で小物を投げ出して一進舎へ行く。お母さんは車を移動させ、小物を拾って駐車場へ行く。しばらくして、美枝さんは小物が気になり、車の所へ来てお母さんを探す。気が付いた親愛館の職員がお母さんに連絡する。この繰り返しでした。そこで、このお便りを差し上げることになりました。上に述べたように、やったら、おそらく2、3日で成功します（この後、5日目には見事成功しました。ご協力に深謝致します）。

4. 水遊びのコントロールについて

自閉傾向のある人の場合、「こだわり」が認められます。

紙屑・糸・紐・空き缶・水等物品をいじること。行動面では、ドア・窓を閉める（又は開ける）等。

これらの行動を調整（改善）するには、比較的長期間を見据えて徐々にしか調整できないということを承知しておいて下さい。2、3日とか一週間という短期間ではなくて、3カ月程度で成功させることができるでしょう。

では、早速関わり方をご説明しましょう。

① 対応するときは、明るく、和やかな態度で。ご本人とゲームを楽しむような打ち解けた気持で接して下さい。これが第一条件です。悪癖を直すとか訓練をするという態度は厳禁。

② 水遊びを「全面禁止」せず、「彼の欲求を受け入れて」一緒に遊ぶ気持ちで「お手伝い」に導入しましょう。困った水遊びからより高次なお手伝いに「昇華」させるわけです。2、3カ月後、見事に自立して食器洗い専任になれます。

第四章　一進舎編

③ 「後片付けを手伝ってネ」と持ちかけ、「お母さんと一緒に洗いましょう」と誘って2人で流しの前に並ぶ。洗い桶に水を適量入れさせ、下洗いをさせ、次々に受け取って仕上げ洗いをして下さい。終わったら、心から「有難う」と礼を言いましょう。

　以上。この書簡を差し上げたのは、6月下旬の金曜日だった。
　土・日と休日に実行し、月曜日の朝、お母さんが事務所へ来て、「日曜日には一人でやりました」と感激の面持ちで報告された。
　「5歳の頃から16年間も苦労したのが夢のようだ」とも話された。

5. 行動をスムーズに促す「予告」について

　高齢者や知的障害のある人の場合、これからどのように行動するかということを前もって知らせておく方が、突然現状と違った行動を指示するよりもスムーズに達成できるものです。

　車に乗って深く腰掛け、リラックスしている状態のとき、スーッと車を停めて「一進舎へ着きましたから降りましょう」と呼びかけても、今の姿勢を変えて降りる動作に移ることに抵抗を感じるものです。そこで、一進舎へ到着する2、3分前に「もうじき一進舎ですよ」と予告して、降りる気構えを準備させると宜しい。

　「今日も弘美さんがお迎えに来てくれると嬉しいね」と停車してあなたが先に降りる間際まで暖かく話しかけて、降りる気持ちを整えさせることが大切です。なお、寝転んだ状態から浅く腰掛けて、立上りやすい姿勢をとるようにアドバイスすることも忘れないように。あなたが下車する前に、少し手を貸して腰の位置を前にずらしてあげると宜しい。

　ドアを開け、あなたが先に下車して、助手席の外から介助して瞳さんを降ろしてあげて下さい。

　暖かいソフトな言葉をかけて励まし、下車できたらテレずに褒めてあげましょう。

　一週間以内で大成功間違いなし。家庭生活のいろいろ

第四章　一進舎編

な場面でも、優しい言葉かけによる「予告」を実行すれば、お宅での暮らしがとても楽しくなります。
　お母さんばかりでなく、家族の皆さんもこのような「予告」を取り入れて頂ければ、すべての御家族との人間関係が、円滑になるものと思われます。
　(予想通り一週間以内で成功して喜ばれている)

6. 紀夫君の行動を安定させたい

　紀夫君は昭和37年生まれで、今年33歳になる。フック・ボルト組み付けの軽作業中、奇声を頻発し、耳叩き、室内の徘徊、ドアの取手をさわる、窓外を覗く等、落ち着きがないことから、対応策を検討するため行動観察記録を担当者が取ることになった。

① とりあえず東室で観察を開始したところ、普段と違って、記録者が客観的に記録を取ることに専念して、何かと紀夫君に刺激を与えないように留意していたところ、3回、4回と度重なるにしたがって、紀夫君の行動が段々落ち着いてきたことに気付いた。当初は、10分間の観察時間のうち65％が作業で、フラつきは35％、2回目は63％が作業で、フラつきは37％、3回目は68％が作業で、フラつきは32％、4回目は別の日にして65％が作業で、フラ付きは35％、6回目も別の日に行い68％が作業で、フラつきは32％であった。

　観察者が普段と違った態度をとったことで、彼の生活リズムに変化が見られたことは、最重度の知的障害があっても環境に対して敏感に反応することが読み取れたので、観察の場所を複数にする必要があるという示唆を得

第四章　　一進舎編

たわけである。

　そこで、西室とホール（ミュージック・セラピー室）の2カ所を追加して観察することにした。

②　西室に変えた観察結果は作業時間が86％、82％、83％と東室と比較してフラつきが減っている。

③　ホールでは、96％、95％、95％と一番安定している。

　以上のことから、紀夫君に適う療育環境としては、東室よりも西室が優れており、更にホールでミュージック・セラピーを倍増させることができれば、一層効果的な療育環境を提供することになるという貴重な資料を得た。

7. 奉仕活動を始めた人

芳美さんは昭和3年生まれの67歳で、14年前に通所するようになった中度の女性である。

徒歩で5分の距離にある公営住宅に未婚の甥御さんと2人で暮らしている。日常の生活は概ね自立しているが、年金と僅かな甥の援助金だけでは、被服・日用品までは手が回りかねるであろう。

「ふれあい旅行」に参加するように呼びかけたが、「行かない」と言う。そこで、「今年の3月と7月のときのように、洋服と肌着をプレゼントするから考えておくように」と伝えた。翌朝、「靴と靴下がボロボロだで行けれん」と訴えた。「それもプレゼントするよ」と言うと、「そんなら行くわ」と大ニコニコだった。

ちょうど落葉時期で桜の枯れ葉が散っているのを、自宅から手箒とチリ取り・ビニール袋を持参してせっせと掃除している姿を毎日午前7時頃見かけた。

「お早ようございます、ありがとうね」と声をかけると、「アア、イイヨ」と。それから3週間余り、すっかり枯れ葉が落ちなくなるまで続いた。

これは誰かに指示されたものではなく、自分で考え自発的に行動したもので、所謂大きな「自己決定」である。

8. 買物係の感心な人

　機械科の授産生として通所するようになって1年半経つ和夫君（23歳）は、朝は7時10分には登所している（私は7時前に出勤）。

　職員は7時50分頃出勤するので、待ち時間が長すぎて夏場はよいとしても冬は寒くて気の毒だから、あと30分ゆっくり登所するように伝えるが、2、3日経つとまた早くなる。しかし、帰りは3時のオヤツを済ませるとサッサと着替えをして、150メートル程を歩いてバス停に行く。

　以前勤めていた木工所でも、午後になると帰るので、何度か注意されたが改善できず、結局、解雇されたという。

　極めてソフトに「今日は4時半迄頑張るかね」と話すと、調子良く「はい」と返事をするが、オヤツ時間が過ぎる頃には消えている。

　単能盤で自動車の小物部品の切削を担当していて、上機嫌で楽しく能率的な作業ぶりである。機械の調整をしてもらっている僅かな時間でも、自主的に床に散らばった削り屑の掃除をする感心な人である。

　幼児期に父母に他界されたため、ずっと祖母と2人暮しで、普通の速さで歩くことができない祖母に代わって彼が毎日の買物をしている。

早く帰るのはそのためであると祖母から聞いた。

彼の役割は家庭にもあることがハッキリしたので、一律に皆と同様に終業時間を押しつけることは好ましくないと考えられる。皆より1時間余り早く帰ることを容認することの方がこの人の場合妥当であろう。

両親に代わって80歳過ぎの祖母の手足となって孝養を尽くしている和夫君を、祝福申し上げたい。

第四章　一進舎編

9. 適正な行動コントロール

　通所療育グループに属する信治君24歳は言葉はないが、50音表を片手にかざし「な・ま・え」と指差して尋ねる。「ふ・な・は・し・ぎょ・く・よ・う」と指で一字一字押さえると、ニッコリ笑って開放してくれる。記憶力は抜群に良好であり、数年経過しても忘れていない。

　丸々の肥満体で、駆けつけてきて50音カードを突き付けられると、その一途なアタック体勢に慣れない人はドギマギする。

　施設での療育プログラム編成の参考にするために自宅での生活状態を伺ったところ、肥満対策として、帰宅後約1時間程度サッカーボールを持たせて小幡緑地付近を単独で歩行させているとのことだった。

　施設内では「自己中心的な行動」が特に多いことから、監護者なしで単独行動をさせておくことは危険であること、勝手気侭な生活習慣を継続させることは療育上好ましくないことから、適当なボランティアを付け添わせる。できなければ、中止する。中止した場合には、自宅の室内で運動ができる「自転車」を購入して、ご両親も参加して競争すると楽しいでしょう。

　このような打ち合わせをした後、成人用の「適応行動尺度」なるものを一部ずつ記入して頂いて、信治君をご

両親がどのように受けとめていらっしゃるか伺った。
　この資料を基本に、一進舎での療育プログラムを考えて対応したところ、家庭でのご両親のご努力と相俟って4、5カ月後には目に見えて落ち着いた行動が身に付き、「自己中心的な生活態度」が改善され、友達を労る思いやりの心も育ってきた。

第四章　一進舎編

10.　食事時の監護を止めて

　一進舎では開設以来16年間余り、指導員の半数が昼食時に通所者のテーブルに同席していた。

　毎年度3月になると理事長として「来年度は、当初から通所者のテーブルに職員が介入しないように」と要望してきたが、「重度・最重度者が60％もいるので、混乱すると困るから、監護しなければならない」という理由で職員との別席が実行されなかった。

　たまたま一昨年7月から私が所長を兼務することになったとき、職員のテーブルは食堂の北西のコーナーに鉢植えの観葉植物で区切って設けた。

　幼児でさえ恵泉館で職員が介入しないで立派に自立させた実績があるので、なんら気遣いをする必要がなかった。

　一進舎で初めての「分離した食事」が、穏やかな落ち着いた雰囲気の中で、和やかに展開されたことは言うまでもない。テーブルに監護者が介入していない様子を確かめるように見回しながら、自信に満ちたニコニコ顔で食事を楽しんでいた。

　今まで職員サイドに知的障害者に対する不安感・不信感が存在していたことは、真に残念至極であった。

　しかしながら、別席にしたことで「自分達が信頼されている」と確信したのか、実に見事な「自立ぶり」であ

る。

　昼食は12時からであるが、2、3分前に席に着いて静かに待機して、チャイムが鳴ると同時に「頂きます」と唱えて食べ始める。12時25分に食後の3分スピーチを聞いてから「御馳走さま」と唱えて席を立つことになっているが、ここで驚くことが起きた。

　席を立つ前にあちこちのテーブルで、卓上にこぼれた物や椅子の回りに落ちている飯粒をせっせと拾い集めている。このように、全く自主的に行動させた原動力は、「信頼されている」という安心感か自負心に違いない。

第四章　　一進舎編

11.　普通の早さで食べる

　君代さん34歳は、食事の時間が長くかかる。お茶碗の御飯をオモチャにしているかのように、スプーンでつつきながら食べるとどうしても40分位かかるので、皆より15分位遅れる。
　そこで、25分位で食べ終れるように援助の方法を考えた。

① 障害者用の食器・スプーン・フォーク等を用意して使わせる。

② 特殊な用具を使わなくても食べやすい状態に食品を整える。

　とりあえずその方法として、鰹ふりかけをご飯に混ぜて小さい海苔巻きにして試したところ、指先で摘んでパクパク喜んで食べ20分〜25分で終わる。
　大成功である。握りやすく、使い勝手の良いスプーンやフォークを整えれば鬼に金棒であるが、どういうわけか値段が高く、スプーンが1本2,280円、フォークが1本1,600円もする。
　障害者用の日常の小物が何故こんなに高価なのか不思議な気がする。義肢や車椅子等は身体障害者の皆さんが

製造している例があって需要や生産コストの面で高価になるかと考えられるが、購入する需要者が障害者であれば、公費の補助が受けられる場合もあるからバランスが取れるかもしれないが、日常の小物はどうなのだろうか。

　手が届かないほど高価ではないから、腹は立つが我慢して買い求めた。直径3センチ程の小型なノリ巻は手掴みで食べ、副食品は深皿に盛り、スプーン・フォークで楽々と食べることができるようになり、友達と同じように食事を終わることが可能となったものである。

第四章　一進舎編

12. 個性と認め、緩やか援助

　チック癖として、終日シャックリようの奇声を発して機械作業に没頭していた人が、3カ月後には発声が半減してマバラになり、6カ月後には消滅した例がある。「本人の気が安まるような対応」が正解であったと思われる。

　「チック癖がなくなる」ように密かに祈りながら、加工品の出来栄えを褒めたり、リラックスできるような「無駄話を多くする」ように心がけただけである。機械作業中、緊張感により発作が起こったものであろう。

　次に、俊幸君34歳は、話し好きな人である。「館長先生、お昼御飯、一緒に食べよう」とか、10年程前に退職した職員のことを覚えていて、「川崎先生、呼んできて」「握手しよう」と呼びかけてくる。

　一日に数回顔が合うと、その度に親しく呼びかけてくる。私が真面目に聞き役を務めるとニコニコとして、楽しい「ふれ合い」だとお互いに感じている。

　ところが、お母さんはこれが気に入らないばかりか、「同じことをクドクド言う」と苦にしていて、何とか止めさせたいと言う。

　このお母さんの場合は、「悪癖」とか「問題行動」と受け止めないで、「個性」と認めることができれば、気苦労が消滅するはずである。俊幸君は、真面目に聞かな

い相手には、自分が納得できるまで話し続けるだけであることを理解してあげることが必要だ。

　こうして親子の会話が家庭で楽しく交わされることを、心から祈念しているところである。

　同じ話をお母さんに対して続けて何度もするのは、本人が納得できる程度に真面目に聞いてもらえないからであって、お母さんが本人の話したい気持ちを素直に受け止めてあげて聞き上手になれば、母子の人間関係がうまく調整できて、双方にとって楽しい暮らしが容易に実現することを理解して頂きたいものである。

第四章　　一進舎編

13. 素敵な家族の「いたわり」

　武光君（25歳）は、通所療育グループの一員である。円福家でいつもニコニコ笑顔が絶えない。ご本人が特別に気遣いしている様子は見られず、極めて自然体であるところから推察すると、恵まれた家庭環境によって長年の間に培われた優れた性格であると思われる。知的障害の軽重は問題ではなく、人として「素敵な家族のいたわり」に恵まれて、大らかに楽しく生活できていることは、誠に幸せである。

★★★★★

　栄司君（25歳）が機械科で作業している姿は逞しく自信に満ち溢れていて、集中力が抜群である。挨拶も律儀であって明朗、しかも滑らかで心地良い。これは、ご家族が障害を意識の外に超越させて、「思いやりの心」で接し、暖かく労っていらっしゃるからであろう。障害を「個性」と認めることができれば、このご家族のように障害を意識の外に超越させることが可能となる。

★★★★★

　光子さん（45歳）が、いつでも恵比寿さんのような笑顔で和やかに屈託なく生活できているのも、上記の2人と同様に、ご家族の暖かい支えによるものに違いない。

バブル崩壊で機械科の作業量が半減するまでの10年余りは機械仕事をしていて、しばらくは軽作業に変わり、昨年機械科に復帰するときに初めはためらっていたが、「以前のように楽しくやれるよ」と話すと、ニコニコと快諾してくれる物分かりの良い女性である。

★★★★★

　この3人のご家族は、極く自然に「いたわり」「慈しんで」おられることを、心から祝福申しあげたい。

第四章　一進舎編

14. 心を育てる音楽療育

　一進舎では、平成7年度に1名、名古屋芸術大学音楽科卒の女性（打楽器専攻）を採用して、大らかな心を育てるため、音楽療育を担当してもらった。打楽器専攻ではあるが、ピアノも堪能であり非常に好評である。

　平成8年度には同大学のピアノ科卒の男女各1名計2名を増員して、3人態勢で音楽療育を充実させることになった。皆さんが心理学・教育学を履修しており、生活指導員の有資格者であることは心強い。

　しっかりと一芸を身に付けていることは、音楽療育以外の軽作業・生活場面でも、観念論に走ることなく地道な楽しい「ふれあい」が保たれて、一進舎の療育活動が一段と充実した。

　初年度の初めの頃は、カラオケの好きな人達に任意にリクエストされて、グループによっては音楽療育にならない場面もあった。

　そこで、カラオケ好きな人達にはクラシックを中心に演奏するようにアドバイスしたところ、カラオケ・ジャックから抜け出すことができて、演奏者が主体性を保てるようになった。

　2年度目は、3人が1コマ30分として1回に4名程度の人数で午前・午後2コマずつ1日に4コマを実施し、音楽療育の実績を積むことによって、生活全般に亘って「落ち

着きと潤い」が拡大した。毎月初め頃の誕生日会と、中旬には3人によるコンサートが開催されている。

　男女職員2人によるピアノ連弾はクラシックが主で、マリンバの演奏はポピュラー曲もあり、ピアノ伴奏と相俟って豪華なコンサートを楽しんでいる。更に、1組4人という小人数による音楽療育が毎日反復されることによって職員と通所者の人間関係が益々緊密になり、笑顔が溢れ、自主的行動が触発されていることは、誠に嬉しい。

第四章　一進舎編

15. ふれあい旅行

　従来一進舎では、年間一泊のふれあい旅行と日帰りの「みかん狩り」を各一回実施していたが、平成7年度は一泊旅行を2回実施し、平成8年度から4カ月に一回、7月・11月・3月と計3回、家族を含め2台のバスを使って「ふれあい旅行」を楽しんでいる。

　1人あたり概ね23,000円の経費を、通所者分は事業費の教養娯楽費で支出し、職員分は事務費の雑費で処理し、家族分はそれぞれ負担してもらっている。

　1台のバスでは家族の参加数を制限しなければならないため、2台使うことによって無制限でゆったりとした旅行を楽しむことができている。

　年間1回の頃は、はしゃいでバスに乗り込むなり早々に競い合ってカラオケを始めていたが、3回になってからは旅慣れたのかおっとりと構えてガイドさんの話を聞いたり、BGMを静かに聞けるようになってしまった。

　知的障害の重い人達65％を含むこのグループ旅行の実施については、職員と家族が不安感を超越して心から通所者を信頼し、社会適応能力の進展を祈る姿勢が強く求められる。

　既に親愛館では、重度30％、最重度50％の合計80％を含むグループが、十数年来、年間4回の「ふれあい旅行」を実施している実績をみると、この「ふれあい旅行」が

心を育て社会適応能力を進展させているわけで、職員との人間関係が滑らかであり、且つ深い信頼関係にあるならば、なんら危惧をさしはさむ余地はないことになる。
　「ふれあい旅行に行こう」という快感情が3〜4カ月毎に繰り返され、しかも職員と通所者の人間関係が円熟するように配慮されるならば、「旅行」を契機として日常の療育活動の中身が充足されていくものである。

第四章　一進舎編

16. 表彰状授与

　快感情を与える一環として、日常生活のいろいろな場面で、口頭による褒め言葉を通所者全員に一日に一回以上かけることを全職員が実践するように努めている。

　この他に毎昼食後の3分スピーチに「小さな善行を讃えるスピーチ」を取り上げて好評を得ている。

　このような口頭による「褒め言葉」だけではインパクトが乏しいので、毎月初めに行う誕生祝会の席で、毎回12人〜15人に表彰状を贈っているが、家庭へ持ち帰ると家族からも褒められることから、二重の称賛を受けることになる。

　「まさか、障害が重い家の子が表彰されるなんて考えられない」と戸惑いながらも、実は勝手に「劣等者」と決めつけている家族にとっては、反省して頂くのに良い機会になったと思われる。

　知的障害があっても、周囲から労り励まされることによって精神的に安定した生活が維持できれば、やがて小さな役割を果せるようになり、生き甲斐が培われる。

　褒め言葉や表彰状の授与は、「あるがままを容認」して更に「主体的な行動を触発」する契機としようとするものである。

　自閉・多動（寡動）・昂奮等に対して、医師の処方に頼ったとしても、薬物に依存することは百害あって一利

なしと言っても過言ではない。それは薬物による副作用の危険とともに、職員側が薬物依存症に陥る恐れが大きく、人間関係の調整に関する努力を放棄することにつながるからである。

一進舎では、平成8年度中に上記の表彰状を5枚以上貰った20人に年度末の3月に褒賞金各1万円、計20万円を事業費の指導訓練費として支出している。

僅かな経費で、しかも1年間を通じて、通所者・保護者・職員共々、わくわくと楽しく生活できていることは真に幸せである。

17. 褒賞推薦内容

平成9年4月の、褒賞授与者の推薦内容は、次の通りである。

1.授産グループ　6名
　K・K君　　褒賞条項・・生活態度（自主性）
　　　　　　　　　　　　昼の休憩時間に自主的に洗面所の床を掃除した。理由は、汚れていたから（本人談）。
　M・Kさん　褒賞条項・・作業能力
　　　　　　　　　　　　毎日、10時から15時まで、中子を使ってパイロット・ボルトの切削作業をとても正確にできる。
　Y・H君　　褒賞条項・・生活態度
　　　　　　　　　　　　2年前の最初の頃は、自己中心的なリクエストが多かったが、最近ではそれがなくなり、自分なりに楽しんでいる。欠席者があると残念がり、グループの皆が揃うととても喜ぶ。

S・S君　　褒賞条項‥作業態度
　　　　　　　　　　　作業中、他の人の材料を自主的に運んで上げていた。
Y・Y君　　褒賞条項‥家事手伝い
　　　　　　　　　　　家庭で、買い物に行ってくれる。品切れの代品を電話で問い合わせて買って来る。お掃除もよく手伝う。
R・K君　　褒賞条項‥食事の習慣
　　　　　　　　　　　昼食のとき、お茶を注いだり、こぼれた物を拾う。食後Sさんと2人で食器を片付けている。

2. 作業療育グループ　3名
N・A君　　褒賞条項‥生活態度（持続力）
　　　　　　　　　　　毎日、午後は自分で趣味活動の準備をして取り組んでいる。縫物をしているときは全く無駄口がなく、席を離れることも極めて少なく、よく集中できている。
T・H君　　褒賞条項‥食事の習慣

以前と比較して、落ち着いて食べられるようになった。また、友達とも仲良くおしゃべりを楽しんでいる。

H・S君　　褒賞条項・・生活態度

「今日、散歩」と施設外レクレーションをとても楽しみにしており、出かける際には、自主的に帽子と水筒を用意して積極的に参加している。

3. 生活指導グループ　2名

M・M君　　褒賞条項・・生活態度（主体的行動）

今年になって、対人関係が和やかで活発になり、発語がなくても、トイレに行きたい、フックボルトの作業をやりたい、と動作での意志表示が多くなった。また、作業にも参加できるようになった。

N・H君　　褒賞条項・・生活態度（整理の習慣）
　　　　　　　　　　2月の初め頃、「靴はここに片付ける」ように説明したところ、言葉はなくても今ではきちんと下駄箱に片付ける習慣ができた。

第四章　一進舎編

18.　笑顔を撮る

　施設と、家庭における療育の橋渡し役を「一進舎だより」が果してきたが、折角和やかな笑顔も白黒写真では犯人の手配写真のようになってしまってガッカリする。最近になってコピー機も以前よりは優秀なものが出回っているが、ポートレート用に使う場合は、満足できる物がない。

　そこで、優秀なカラー・コピー機を試したところ、十分に役立つことが分かったので、平成7年11月に導入して使っている。

　カメラ・アイを通して、「和やかな人間関係」を捉えたり、「生き甲斐」を探るために本人の気に入る得意なポーズを狙ってカメラを構え、チャンスを待つ。職員も通所者も共に楽しい一時である。

　こうして撮ったカラー写真が編集された文面の所定の位置に貼り付けられ、フルカラー・コピー機にかけられると、カラフルで実に楽しい「一進舎だより」が出来上がる。これが毎月初めに一部ずつ家庭に配布されると、家族こぞって「一進舎の楽しい暮らしぶり」を再確認することができている。

　日常、複数の職員から口頭で褒められ、表彰状が授与され、年度末に褒賞金も贈られる。更に友達の笑顔の楽しい写真が「一進舎だより」に毎月掲載されることによ

り、快感情の付与が反復されて笑顔と笑い声が溢れてきた。

こうして、通所者が職員や家族に励まされ、勇気づけられていることは嬉しいことである。

たとえ問題行動があったとしても、それはそのまま受容されることによって、一進舎における生活に「安心感」を持つことができるため、職員や家族に対する信頼感が増してきている。

強圧的な指導・訓練とは縁のない、優雅な暮らしに恵まれている。

第四章　一進舎編

19. ふれあいコンサート

　一進舎では、平成9年度当初から毎月初旬の「誕生日会」と20日前後の2回、家族の参加を求めて「ふれあいコンサート」を専門職員3人によって開催している。

　ピアノ連弾、ピアノ連弾とマリンバ合奏、ドラムなど8曲で50分程度のコンサートで、平成9年7月24日のプログラムは次の通り。

① 「マドリガル」作曲者シモネッティ
　　有名なバラードで、とても可愛らしい曲。
　　（ピアノ：寺杣晴紀、マリンバ：臼井暢子）

② 「エンターティナー」作曲者ジョプリン
　　アメリカの作曲家で、リズムが楽しい。
　　（ピアノ連弾：寺杣・水沼、ドラム：臼井）

③ 「オブラディ・オブラダ」
　　作曲者 J. Lennonn & P. M ccartney。ビートルズの音楽の中でも親しめる曲で、軽快なリズムをピアノとドラムでアレンジしました。
　　（ピアノ連弾：寺杣・水沼、ドラム：臼井）

④ 「花のワルツ」作曲者チャイコフスキー

バレエ音楽「クルミ割り人形」の中の優雅な楽しいワルツ。
(ピアノ連弾：寺杣・水沼)

⑤ 「道化師のギャロップ」作曲者カバレフスキー
道化師（ピエロ）がおどけたように駆け足で回る様子を、ピアノとマリンバの面白いかけ合いで演奏するリズミカルな曲。
(ピアノ：水沼、マリンバ：臼井)

⑥ 「茶色の小瓶」作曲者 J. E. ウイナー
のりの良いスタンダードなジャズ音楽。
ピアノデュオ（連弾）の奏でる旋律にドラムの響きがとてもよくマッチした曲。
(ピアノ連弾：寺杣・水沼、ドラム：臼井)

⑦ 「小舟にて」作曲者ドビュッシー
小舟が湖上をゆらゆらと漂っている様子を表現したとても旋律の綺麗なゆったりとした曲。
(ピアノ連弾：寺杣・水沼)

⑧ 組曲「動物の謝肉祭」よりフィナーレ
作曲者 C. C. サンサーンスの最後を飾るにふさわしい堂々とした華やかな曲。

第四章　　一進舎編

(ピアノ連弾：寺杣・水沼、マリンバ：臼井)

20. 聞き手のマナーは日本一

　一進舎で毎月2回実施されているコンサートも、回を重ねる度に聞き手のマナーがどんどん良くなって、静かに、しかも心から楽しんでいる様子に満ち溢れてきた。ドラムのリズムに合わせて床を軽く叩く男の人、手拍子を取る人。

　「小舟にて」では、ゆったりと体を揺らせる人等、素敵な演奏に身を任せている姿が出演者を激励するのか、一層の盛り上がりが見える。馴染みのないはずのジョプリンの「エンターティナー」では、一同の頭が小さく揺れ動いていたことで、この曲を「受け入れている」ことが分かる。

　毎日、午前、午後とも30分ずつ2コマのミュージックセラピーが4人という小人数で繰り返され、担当職員との人間関係も緊密化して、「ゆったりと」音楽に馴染むことができていることもあって、親愛館・一進舎で開催される数十人の小規模コンサートでも、静かに、しかも演奏の開始時と終わりには盛大な拍手を送っていた。

　多数の知的障害の重い人達を招いたコンサートは、全国的に見ても極めて希だと思われるので、聞き手のマナーは正に「日本一」といえる。

　平成9年3月8日、春日井市民会館大ホールで開催した恵泉会主催の「ファミリー・コンサート」には、一般家

第四章　一進舎編

庭の4歳未満の乳幼児を含む家族や、知的障害者の入場を歓迎したところ、1,300人定員が満員の盛況で感激した。

何故、知的障害者や4歳未満の乳幼児がコンサートから閉めだされるのか考えてみると、ピアノのようなデリケートなコンサートには、「騒ぐに違いない」と決めつけている「不信感」によるものと思われる。

そこで恵泉会では、名古屋市・春日井市・尾張旭市等、各地域の乳幼児や知的障害者にも一年間に2、3回コンサートを提供し豊かな経験を与えて、一般社会の皆様が抱いている「不信感」を払拭しようと試みているところである。

例えば、平成6年12月3日（土）に尾張旭市文化会館ホールで実施した「ピアノ連弾ノンタント」から「音楽のXマスプレゼント」として実施したときのアンケートでは、記入可能な人数は300人程度、その中で回収数は71枚あったので、4人に1人の割合でアンケートにご協力頂けた。

○800人の入場者の中、500人余りの幼少児が集まったコンサートとしては、マナーは素晴らしく良かった。

○このようなコンサートを数多く開催して欲しい。

○ピアノの音がうつくしく、優しく、綺麗に聞えてとても良かった。

○子連れで聞けて楽しかった。

○2歳前の子供を連れてコンサートへは行けないので、またこのような企画をして欲しい。

○子供（4歳）が生れてからホールで音楽を聞くことはありませんでした。子供連れで参加できるコンサートがもっと沢山開かれることを願っています。今日は有難うございました。

○子供がいても、リラックスして聞くことができました。小さな子供に生の音（名曲）を聞かせられて、とても良いと思います。私も小さな子にピアノを教えていますが、どうしたら音楽を楽しんでもらえるかいつも悩んでいます。又、勉強させて頂きたいと思います。

○子供連れで気軽に楽しめてよかったです。クリスマスに限らず、年に何度かやって頂けると嬉しいです。

【著者プロフィール】
舟橋玉燿（ふなはし　ぎょくよう）

大正15年1月2日生まれ。駒沢大学仏教科卒。春日井市立春日井工業高校教諭を経て、愛知県民生部児童課勤務。
昭和25年7月養護施設恵泉館を設立、幼児専門施設として発足、施設長となる。
昭和28年1月精神薄弱児施設に転換、昭和54年3月まで施設長として勤務。
昭和53年5月社会福祉法人恵泉会理事長就任（現在も在職）。
昭和54年4月精神薄弱者更生施設親愛館設立、施設長就任（現在も在職）。
昭和55年4月精神薄弱者通所授産施設一進舎設立、開所。
平成元年9月日本知的障害者愛護協会より愛護福祉賞を授賞。

その他、柳城女子短期大学非常勤講師として22年、名古屋聴能言語学院、愛知福祉学院非常勤講師として短期間勤務経験あり。

生き甲斐をそっと支えて楽しい暮らし

2000年7月3日　初版第1刷発行
2003年10月10日　初版第2刷発行

著　者　　舟橋玉燿
発行者　　瓜谷綱延
発行所　　株式会社文芸社

　　　　〒160-0022　東京都新宿区新宿1-10-1

　　　　　　　　　電話　03-5369-3060（編集）
　　　　　　　　　　　　03-5369-2299（販売）

印刷所　　株式会社平河工業社

©Gyokuyo Funahashi 2000 Printed in Japan
乱丁・落丁本はお取り替えいたします。
ISBN 4-8355-0299-X C0095